葡萄牙的国家认同演变

[葡] 若泽·马托索　著

张敏芬　译

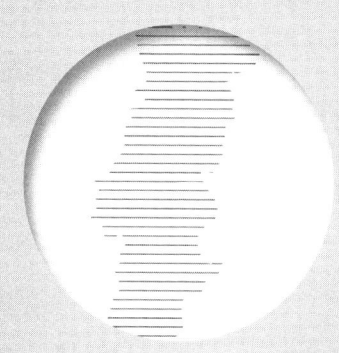

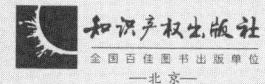

知识产权出版社

全国百佳图书出版单位

—北京—

Original Title: A Identidade Nacional

Author: José Mattoso

Copyright © José Mattoso / Fundação Mário Soares / Gradiva Publicações, S. A., 1998

图书在版编目（CIP）数据

葡萄牙的国家认同演变 /（葡）若泽·马托索著；张敏芬译 . —北京：知识产权出版社，2021.12

ISBN 978-7-5130-7938-9

Ⅰ . ①葡… Ⅱ . ①若…②张… Ⅲ . ①民族国家—研究—葡萄牙 Ⅳ . ① D755.2

中国版本图书馆 CIP 数据核字（2021）第 263261 号

内容提要

本书主要探讨国家认同问题，以葡萄牙为例，展现了国家集体意识的产生、演变进程。首先，通过历史事例概述从国家的建立到各阶段葡萄牙国家身份认同的表现形式，指出国民通过历史现象形成民族意识和国家认同，强调政治权力对于构建国家认同至关重要；随后，通过对地理、政治、社会和行为特征等的研究，对构建国家身份特征的要素进行深入分析，来理解国家认同现象。

责任编辑：宋　云	责任校对：潘凤越
封面设计：北京麦莫瑞文化传播有限公司	责任印制：刘译文

葡萄牙的国家认同演变

［葡］若泽·马托索　著

张敏芬　译

出版发行：	知识产权出版社 有限责任公司	网　　址：	http：//www.ipph.cn
社　　址：	北京市海淀区气象路 50 号院	邮　　编：	100081
责编电话：	010-82000860 转 8388	责编邮箱：	hnsongyun@163.com
发行电话：	010-82000860 转 8101/8102	发行传真：	010-82000893/82005070/82000270
印　　刷：	三河市国英印务有限公司	经　　销：	各大网上书店、新华书店及相关专业书店
开　　本：	880mm×1230mm　1/32	印　　张：	5.25
版　　次：	2021 年 12 月第 1 版	印　　次：	2021 年 12 月第 1 次印刷
字　　数：	64 千字	定　　价：	48.00 元

ISBN 978-7-5130-7938-9

京权图字：01-2021-7173

目 录 Contents

绪 论

　　在研究国家认同问题的各种可能方法中，我认为最简单且最具操作性的方法是基于这样的思想，即无论研究个体事物还是集体事物，理解其身份所必需的条件与理解其他任何事物身份的条件是一样的。根据社会心理学专家埃里克·埃里克森（Eric Erikson）的理论原则，认同任何事物的必要步骤是：

　　（1）把它和其他事物进行甄别区分；

　　（2）赋予其一个定义；

　　（3）赋予其一定价值。

　　我们将尝试使用相同的理论框架来理解国家（民族）认同现象。虽然我们将葡萄牙作为考察对象，但显然该方法可以适用于世界上任何其他国家。

但是，使用上述研究方法必须考虑到，国家认同的产生首先要基于公民本身必然已形成一种人类集体意识。当然，鉴于集体意识在人类历史上早已形成，在作任何反思伊始，都必须记住，国家认同在各个时代相继呈现不同的表现形式。现在的国家认同是经历了多个不同阶段的历史进程，才演变成我们所熟知的表现形式。

首先，我们的研究将力求重构这些历史时期。认同过程可以分解为我们提出的三个步骤，但从历史上看，这并不意味着不同国家的认同过程经历了相似的演变或对其表现形式进行了相同的修改。因此，我们并未打算将葡萄牙的例子推论到其他国家或认为它是一种典范，因为并非所有国家都遵循相同的演变过程。有时候，文化现象可能会在国家认同的形成中发挥更大作用。另外，政治事件是最具决定性的因素，此外还包括经济或社会因素。民族的多样性在很大程度上取决于其在连续历史表现形式中各个构成要素的结合方式。

其次，需要注意的是，国家认同意识的各种表现形式可能并不一样，甚至是矛盾的，这取决于所涉及的人群及其所处的时代。因此，把对某一特定群体的区分、定义和价值评估方式同时应用于一个国家的所有居民是不正当的。基于此，有必要对不同群体进行划分（从社会层面，甚至是职业层面），实际上可以把民族关系意识形成过程应用到划分过程中：国家公务员与农民的思考方式不尽相同，神职人员与贵族的想法也不会一样；而假如将文化程度最高的群体和普通阶层民众的态度相比较，他们显然会以不同的方式来理解民族问题。因此，为解决明显的史证矛盾，以及揭示历史文献资料的连贯性，将国家认同的各种表现归因于特定社会主体，并以此为基础加以区分就变得尤为必要。这一初步观点基于这样一个事实：国家认同不仅仅是一种心理现象，它总有客观根据。以下情况实际上是难以构建国家认同的：

（1）没有任何形式的政治表达，也就是说，在历史上任何时候都不存在通过赋予具有一定自治权的权力（即通过某种国家形式）来表达其存在形式；

（2）没有特定的空间端点和区域，哪怕该端点会移动到另一个地方，以及该区域的边界随着时间发生了变化；

（3）在相当长的一段时间内没有持续的政治自主权，其领土也长期呈割裂状态。显而易见，政治自主权的持续时间及领土的连续性是巩固和加深国家认同的重要因素。以葡萄牙为例，自1297年以来，其国家边界实际上未曾发生过变化，因此，一直以来，大家都高度重视这个事实就不足为奇了。通过这一事实可以断定葡萄牙是欧洲最古老的国家，不是因为它的政治权力持续时间比任何其他欧洲国家都要长久，而是因为其领土自 13 世纪末以来一直保持不变，这在旧大陆的其他政治形态中从未发生。大多数研究国家认同的作者还提到语言现象的重要性，因为讲葡萄牙语的地域实际与葡萄牙政治边界相吻合。毫无疑问，这一事实具有确切的历史重要性，但是，若要将葡萄牙的案例与其他国家相比较，显然最好仔细研究其意义。事实上，我们不难找到一些国家，虽然有单一且无可争辩的国家认同，但使用几种不同的语言，例如比利时、瑞士或西班牙；或者其他一些国家，虽然国家认同有所不同，但使用同一种语言，例如德国和奥地利。我们也不能忘记还有些国家现在只使用唯一的官方语言，但其包含的领土上曾经使用过其他不同的语言，例如英国的盖尔语，法国部分地区的布列塔尼语和普罗旺斯语。后两个例子甚至可能引发政治因素对语言影响之问题。在这两个例子中，政治占优势都对占主导地位语言的扩张给予了决定性的支持，同时打压少数族群语言，导致其萎缩，普罗旺斯语就是一个明显的例子。在上述情况中，不是文化因素影响政治现象，而是恰恰相反。因此，这或许是一个很好的问题，试问葡萄牙语言与国家领土明显的一致是认同因素还是政治因素的结果？葡萄牙语和加利西亚语为同一语言这一事实可佐证这一观点。它们之间的差异主要是葡萄牙语基于政治原因自主演变发展，而加利西亚语则出于同样的理由受到卡斯蒂利亚语的重要影响。实际上，政治权力之有效性使其大部分行政措施需要通过一种特定语言规范来推广，这必然保证了该语言的传播。此外，由于文化阶层和国家能给予彼此威望，而且它们的联合能给彼此带来优势，因此两者的相互支持保证了政治势力所偏爱的文化习俗具有不可否认的信服力。这一观点进一步扩展了我们当前关注之基本问题的研究，力图评估文化认同与国家主义之间关系的问题。事实上，虽然很难构想出一个没有任何形式的国家，或者至少是在一定时期内不具备独立政治权力形式以实现其自治的国家，但完全有可能构想出一个没有国家支撑的文化共同体。国家自治的基础是在一片确定领土内存在一项权力，而文化共同体的基础则是大家均采用相同的形式诠释世界，拥有一致的价值体系和相同的文化习俗，且这些均无既定界限；另外，它们本身并不是任何政治强加的结果；最后一点，它们没有任何唯一的传播中心（相反，它们通常会或多或少地产生几个具有不同等级和影响力的文化中心）。正因为如此，文化区域与国家并不一致。文化区域是按照一种等级制度并通过与政治界限几乎无关的亲和力来构建的，因此，使国家与文化区域重合的尝试通常是极权主义意识形态造成的，最极端的表现之一就是纳粹泛德主义。不容忽视的是，从国家主义各种表现形式中，可以看到它一直在寻求国家形成的"自然"基础。因此，当把"国家"视为一种实体秩序类别，并赋予其必需的永恒特性时，人们往往会在自然界中寻找其根源，即在诸如地理多样性、"种族"或语言等因素中寻找（如果"种族"和语言差异在某种形式上是"自然"现象的话）。这种解释本身证明了在整片国家领土上强制使用同一种语言是正确的，正如弗朗哥政权在西班牙全境强制推行卡斯蒂利亚语的战斗中，驱逐或者至少削弱巴斯克语、加泰罗尼亚语和加利西亚语。这些见解不可避免地导致有人提议重新审视一些一直持续到最近的观念设想，例如葡萄牙人的文化统一性，以及其语言的基本统一性。20 世纪 60 年代末之前，人们普遍认为葡萄牙拥有其他国家所不具备的文化统一性和连贯性，可是从整体文化角度来看，尤其是在不仅要考虑知识阶层文化，还要顾及大众文化的情况下，这种观点的谬误显而易见。与此同时，必须向语言学家提议，建议他们对方言的多样性现象及其历史表现形式作更深入的研究。简而言之，若不考虑社会现象因素，可以说，在葡萄牙占据北方文化之后，其表面的文化统一性掩盖了北方对南方的统治。以上观点还隐藏了另一个不久前才消失的历史现象：文化产业过度集中于一个近乎唯一的中心。事实上，将文化产业活动仅局限于单一中心的倾向将造成整个国家的活力和创造力同时萎缩的不良后果。回到与政治权力延续性相关的问题，应该注意到，除了施加更加分散的、更为难以考量的文化方案之外，还引发了其他客观现象。我指的是行政措施的延续性，例如征税、司法机构的永久性、立法权的存续、军队的长久性。政治行政生活的所有这些领域都在不断发展，实施了各种不同的方案，但同时也采取了一系列连续的具体措施。无论它们在开始实施时是多么的不完善，国家也一定会确保财政、司法、立法或军事体系的整体连贯性。国家的中央调控变得越来越多，可以应对反抗、人员流失或能力不足之情况。尽管政治行政措施纷繁复杂，但鉴于其简单、可见及公开之性质，即通过一位国家元首（在几乎整个葡萄牙历史中均为国王）、一个国徽（国家盾徽）和一种货币（印有国王肖像和国徽）来实现，这些措施能够获得支持显然是可以理解的。因此，难怪国王总会采用这样的策略，即尽一切可能让人们看见可以彰显其个人权力的礼节程式、展示放置其徽章或旗帜的器具和地方，摈弃使用其他纹章，并且用各种方式张扬其权力标志，使之成为所有臣民首领的身份符号：国王的标志因此成为国家标志，这意味着所有臣民必须服从国王。这种服从是他们自身身份认同的一种表现，葡萄牙人通过服从国王，将自己与世界上的其他人群区分开来。正因为他们紧跟国王的旗帜，所以在战场上能识别敌我。在国王旗帜的保护下，他们安然无恙，免遭任何危险。

在本书的第一部分（第1~3章），我们将根据埃里克·埃里克森理论框架，尝试研究从民族的建立（或更确切地说，从国家的建立）至今的各个阶段的国家认同的表现形式。在第二部分（第4~8章），我们将尝试以更具描述性的方式分析同一身份认同的识别特征，并尽可能突出客观数据，为此，我们将依次考察地理、政治、社会和行为元素。第一部分将重提我于1994年6月14日在一场自由研讨会上发表的题为《质疑身份认同》的演讲，该会议由社会人文学院历史社会学办公室的弗兰西斯科·贝特柯尔特（Francisco

Bethencourt）和迪奥戈·拉马达·库尔多（Diogo
Ramada Curto）组织举办。在该研讨会上，我受
到若热·瓦拉（Jorge Vala）介绍埃里克·埃里
克森理论的启发。第二部分是我在《葡萄牙》一
书中所撰写的文章摘要，对部分文字作了修改。
《土地的味道》是我与苏珊娜·妲文奥（Suzanne
Daveau）教授合作撰写的作品，我完成地理方面
的论述。我还将重述我在《葡萄牙》一书中已经
提出的一些观点，那是我对尼克拉斯·萨皮埃亚
（Nicolas Sapieha）拍摄照片的介绍，1989 年由格
特杂尔（Quetzal）出版社编辑出版。

国家认同演化进程

从主体的角度来看，一个人对某一特定国家的归属意识是通过一种思想来表达的，该思想可以化为这样一句话，"我们是葡萄牙人；其他人是外国人"。换句话说，我属于这一类人，拥有葡萄牙人特有的共同特征，和其他人不一样，因为他们不是葡萄牙人，或者说，因为他们是外国人。这种对一个特定国家的归属意识当然意味着该国家的特点已经人尽皆知。然而并非所有人都明确具备这种意识，但是民事登记处的人员能在第一眼就识别出葡萄牙人。显然，对于大多数受过义务教育和服过兵役的公民，或者说对于接受过足够教育的人而言，他们都知道如何区别葡萄牙人与外国人。虽然现在全国几乎所有居民均具备这种意识，那么在并非人人都接受义务教育，青年男性不必都服兵役的时代，则并非如此。因此，传说发生在唐·路易斯国王身上的一件轶事是完全可信的。故事发生在 19 世纪早期，国王乘坐游艇时碰到一些相向而来的渔民，就问他们是否为葡萄牙人。渔民非常清楚地回答他："我们吗？不，我的主！我们是波瓦·德·瓦尔星❶人！"显然，如果在卡蒙斯（Camões）撰写出版《卢济塔尼亚人之歌》三百年之后，波瓦·德·瓦尔星的渔民仍然以这种方式回答国王的话，那么在 12 世纪，即使阿丰索·恩里克斯（Afonso Henriques）已经获得了葡萄牙国王的称号，也仍有可能发生类似之情况。中世纪社会采取土地分封制，因此土地主和乡村农民的联系比其他任何社会阶层间的联系都更为紧密。国民对

---

❶ 葡萄牙北部的一个城市。——译者注

国王及其官员的依附现象，与当今公民拥有权利和义务之状况截然不同。国王是土地主的主人，也就是说，他是远在天边的监督者，几乎仅存于人们的想象之中。在一些地方，有老者说国王曾经到访过这个地方或那个地方，因此哪天他也许可能再次驾临，但王国内的大多数农民还是将国王视为一种存在于他们土地之外的权力象征。对于中世纪的农民来说，他们很难形成诸如葡萄牙国家性这样的抽象概念，因为在他们的日常和实际生活中，很少存在与这样的概念相对应的行政机构。这种情况贯穿于整个中世纪乃至近代大部分时期，直到 19 世纪末，才开始发生决定性的变化，甚至连距离首都最远地方的人们也都具备国家概念了。

但是，我们可以看到，在圣·马梅德战役之后，阿丰索·恩里克斯大臣公署发布的首批文书中即刻开始展现一种徽记，上面出现"葡萄牙"

一词，并不断地通过赋予其政治头衔（国王、王子）以及彰显他与臣民之间的关系来表明他是最高统治者，即葡萄牙国王（rex Portugalensium）。那么，在阿丰索·恩里克斯统治期间，是哪个社会阶层构建了此概念并拥有其含义的解释权呢？毋庸置疑，首先是此类文书的编纂者，即王室大臣公署的教士们，当然也可以包含其他与王室有着密切关系的神职人员和贵族。然而，对他们而言，葡萄牙人与国王的关系更多是臣属关系，而并非因为他们居住在受国王统治的领土上。因此，他们就像王室领地的居民一样，要对国王履行义务，因为他们是国王的直接臣民。但是，那些依附于封建领主的人们则不属于这种情况，因为封建领主声称他们自己拥有自治权。所有的贵族地主，尽管也是国家城镇的居民，早期（直到12世纪末）仍认为他们是自治社区居民，因此将国王视为与他们没有直接关系的君主。那么，如何让其他社会群体理解他们归属于葡萄牙人的身份类别呢？

我们可以区分出一些决定性的时刻，这通常以与其他民族或外来文明的军事对抗为标志。第一个时刻是葡萄牙积极"收复失地"的时候，当时，葡萄牙国王在对抗伊斯兰的斗争中充当着国民首领，尤其是充当着新领土的征服者，或是对抗威胁到边境地区居民生命和财产的外来入侵的守卫者。鉴于彼时伊比利亚半岛的其他君主也在对抗同一敌人，因此当时葡萄牙人的身份是作为"基督徒"（"信仰的敌人"）这一更为广义的概念中的一个类别出现的。在国家认同的形成过程中，没有必要否认这一事实的重要性，这是民族主义时期的思想家坚持强调的一个因素。他们认为，葡萄牙是从所谓"十字军远征"的运动中诞生的，不过也不能忘记，宗教信仰不能与民族关系混为一谈，所以它与民族性的出现之间没有太大关系。另外，还必须牢记，在反伊斯兰的斗争中，牵涉其中的首先是积极参与阿丰索征服土地和桑乔一世（Sancho I）远征的骑士团，其次是王室成员和一些神职人员（主要是科英布拉圣十字教团教士），最后是离边境最近的乡镇居民，尤其是遭受 1184 年、1190 年和 1191 年阿莫亚德斯入侵影响最大的居民。葡萄牙其他居民并没有意识到葡萄牙参与了这些斗争，也没有将其视为自己的斗争。我们可以认为第二个重要时刻是早期葡萄牙国王与莱昂和卡斯蒂利亚统治者之间为争夺边境地区而对抗的时候，特别是在阿丰索四世（Afonso IV）统治之前的朝代。但是，在我看来，我们不应将这些对抗赋予民族斗争的性质。它们首先是由行使领主权力之相关问题引起的封建斗争，因此，也许除了唐·迪尼斯（D. Dinis）外，其他统治者对民族意识的扩大产生的影响极为有限。实际上，唐·迪尼斯非常清楚地意识到了边境和国家领土的作用，这可以从他在边境建造大量城堡，寻求如何将军队收归国有以及在王室文书中正式使用葡萄牙语这几个方面作出判断。但是，我们不可能将国王的思想普及到他那个时代的所有葡萄牙人中。

在国家认同形成演变过程中，更具决定性的似乎是唐·费尔南多（D. Fernando）和唐·若奥一世（D. João I）统治期间针对卡斯蒂利亚的战争。这不仅因为它们是民族战争，而且主要因为这些战争导致大量外国军队的士兵（卡斯蒂利亚、纳瓦拉和英国）进入葡萄牙境内。然而，这种与不同语言和行为之人群的直接交往，无论他们为之战斗的统治者是谁，都对当地人民构成了威胁，如费尔南·洛佩斯（Fernão Lopes）就曾对英国人的骚扰和暴力行为作了诸多现实主义的描述，因此对于那些接触过外国士兵，以及听到过关于士兵的故事的人来说，他们都很清楚葡萄牙人和外国人之间的区别。这些事件使乡村和城市的普通民众，特别是埃斯特雷马杜拉的居民，对有别于他们国民的异族人有了清晰的概念。费尔南·洛佩斯在大约 50 年后对这些事件进行了记述，虽然根据这些叙述来推测当时发生的所有细节是不恰当的，但我们可以很容易地从中推断出其对我们在此关注之现象所产生的影响。正如 L. F. 林德利·辛特拉（L. F. Lindley Cintra）所表明的那样，我们认为它们之间有关联，最明显的证据之一就是奥里克奇迹的传说可以追溯到这一时期。显然这并非偶然，这是首次用神话故事试图使人们相信葡萄牙国王永受神灵庇护，并暗示通过他来福荫其后代和臣民。这是首次表达相信葡萄牙国王的神圣性，并且这种神圣性通过国王造福其臣民。

葡萄牙的扩张使成千上万的葡萄牙人直接接触到其他民族和其他文明，而通过另一种生活经历，明显增强了他们的民族情感。其他民族的生理特点、习俗、宗教和语言截然不同，这种多样性使他们和特征相同的葡萄牙人形成鲜明的区别。相较于葡萄牙人和外族人之间的巨大差异，米尼奥人和阿连特茹人或后山省人，葡萄牙穷人和富人，贵族和神职人员之间的差别则是小巫见大巫。这些差别证明了葡萄牙人具备共同点。尽管并不是整个国家的所有民众都直接有过这类经历，但我们知道，各种环境、各种出身的人群中有很大一部分人或直接或间接有过这种体验，因此，即使在葡萄牙的乡村和内陆地区，也能感受到这段经历在葡萄牙国家认同演化进程中的影响。

在国家认同演化进程中，西班牙国王菲利普统治（葡萄牙）时代是一个颇具矛盾的时期。假如西班牙统治时间漫长地持续下去的话（如在阿拉贡地区），结果极有可能轻易磨灭葡萄牙的民族意识情感。但是，就我国（葡萄牙）的情况而言，我们所讲的国家认同演化进程最终得以推进，因为联结国民之间的纽带有别于纯粹的政治权威。虽然西班牙统治时期的既得利益者可能不会有这种想法，但其他群体通过他们的作品和反思证明了这一事实，其意义是不可否认的。

我指的是这一时期出版了各种著作以及出现了各类舆论运动，表达了一种明确的国家认同意识，贝尔纳尔多·德·布里托神父（Fr. Bernardo de Brito）撰写的《卢济塔尼亚君主制》第一卷就是典型的例子。值得提及的是一些区别葡萄牙人与西班牙人性格，对比葡萄牙领土与伊比利亚其他地方的作品，这些在杜阿尔特·努内斯·德·莱昂（Duarte Nunes de Leão）（1610）和托梅·皮涅伊罗·达·韦加（Tomé Pinheiro da Veiga）（1605）的论著中均有清楚的表述。最后，请记住塞巴斯蒂安斯塔运动。与此同时，出于种

种原因，对西班牙统治的追随比比皆是，有组织
的抵抗运动显得软弱无力，影响甚微，而零星的
起义暴动则具有令人怀疑的民族特性。与 19 世
纪葡萄牙历史学家的观点相反，复兴运动是少数
派的运动，其间困难重重。旷日持久的战争让无
数人民深受其害，边境广大地区遭到严重破坏，
因此，这场运动比之前任何事件都更加深化了葡
萄牙人和西班牙人之间的裂痕。

随后发生的战争情况也是如此。这些战争将
暴力带入葡萄牙，尤其是法国的入侵。这些战争
表明，葡萄牙人的敌人不仅有对他们造成最直接
威胁的邻国人民，而且还有来自更远地区的敌
人，例如法国人和英国人。与之前发生战争时的
情况相反，当时出现了最早的民众自发抵抗的示
威游行，这可以归于民族性质。自由战争则导致
葡萄牙人相互对抗，双方在整个国家内为争夺一
个单一政权而战的事实表明，他们的战斗不是针

对领土，而是意识形态上的斗争。另外，无数流亡国外的自由主义者在接触其他民族之后，梦想着将自由主义制度带进自己的家园。他们认为爱国主义具有无可争议之价值，因此以此名义捍卫自由主义制度。虽然并非所有葡萄牙人都同意他们的观点，但他们的成功促进了这一民族理想的传播，使之成为团结所有葡萄牙人的纽带，无关乎他们和任何政权的关系。"民族精神"（Volksgeist）这一浪漫主义概念自此作为一种信条在资产阶级知识分子中得以传播，虽然我们不能轻易认为大多数民众都认同这种思想，但必须考虑到它在社会最具影响力之领域产生了无比巨大的影响。然而，我们不可以，尤其是不能因为葡萄牙自 1890 年起，随着诸如文字作品及新闻媒体传播、选举制度的建立、统一行政制度的普遍化以及民众积极参与公共生活，就认为全民国家认同意识在 19 世纪末国家特征广为传播之前就普及化了。针对自 1890 年以来国家情感蔓延的迹象，路易·拉莫斯（Rui Ramos）对此作了无可辩驳的具体评价。在他看来，这些迹象已经非常明显，因此，他在《葡萄牙历史》的概述中，把 1890~1926 年这段时期命名为第二建国时期。不过，关于这点，有些作家对诸如"人民主权"之类概念出现的研究适逢其时。"人民主权"这一概念与国家意识之间的关系显而易见，它不可能根植到提出这些概念的有限群体之外，也就是说，不会超出从中受益的精英阶层范围。事实上，我们可以找到这些概念的早期表述，例如，1385 年的议会让我们记住，当时被视为享有主权的"人民"，具体到实际中，就是代表他们自己的那一群人。即使他们当时是以各自群体之名义发声，其合法性也源于他们将自己视为最佳人选，也就是说，根据中世纪的精英观，他们认为自己受过良好的文化教育，了解群体的共同利益，于道德层面堪配行使该权力。但是，我们不能援引这些西方民主的先例作为有利于国家认同意识的早期表现形式。

最后，请注意，如我们所见，"民族精神"这一浪漫主义观念不仅使人们倾向于认为国家形态基于自然而形成，而且也认为这种形态包含具体差异，也就是说，它必须通过内部深层的一致性来表现，必须通过所有成员共有的行为特征来表现，由此引发了 19 世纪以及 20 世纪一些人类学家，如若热·迪亚斯（Jorge Dias）对此进行研究。虽然早在 17 世纪的作品中，特别是在外国人到葡萄牙旅游后所撰述的游记中，我们已经可以发现从行为方面来定义的国家形态之倾向，但仍应该努力通过文化因素来表征它们，如每个国家的自身习俗，并尝试从心理学方面来界定。我们很容易看出这些推测的科学脆弱性，不仅因为这些观点的主观性质，而且还因为难以将其哪怕以粗略的方式进行量化。例如，倘若把葡萄牙人定性为感性的，但我们不可能指出不感性的葡萄牙人的比例是大还是小。遗憾的是，很少有关于葡萄牙人的社会行为的客观研究，博文图拉·德·索萨·桑多斯（Boaventura de Sousa Santos）的作品是这一领域的稀有研究。关于这一点，我们将在后文进行探讨。

定义的赋予

　　我们在此讨论定义的赋予，并非指国家认同现象本身之定义，而是指一系列关于国家形态的互补概念，即所有有助于赋予其意义的概念。在此我们思考王国、出生地、祖国、边境、王室继承、国王的神圣权力等概念，但是，鉴于"祖国"这一概念的价值性，我们将在后面对其进行研究。我们所列的词语表是开放性的，当然也可以加入其他词汇，不过我们在此讨论的概念均形成于中世纪，或许对巩固国家认同意识的影响最大。此外，众所周知，在国家认同形成过程中最具决定性的因素均具有政治性质，因此，这些概念显然与政治权力密切相关。让我们从王国

（regnum）这一概念开始讨论。经证实，一直到桑乔一世朝代结束，葡萄牙皇室用来命名国王的名称是葡萄牙人的国王（rex Portugalensium），但到阿丰索二世（Afonso II，1211~1223）时，便更改为葡萄牙的国王（rex Portugaliae）或波图卡莱的国王（rex Portugalensis），因此我们可以突出"王国"含义与国家认同的关系。该名称的改变似乎意味着在皇家元老院开始习惯将王国不仅视为依赖于同一位国王的一群人，而且将其视为一个机构，有其自身的含义，而不仅仅由依附于该王国的人民来定义。事实上，早在1173~1185年，一位摩萨拉布神父、里斯本大教堂的唱诗人埃斯特万（Estêvão）在其撰写的题为《圣·文森特的圣迹》的作品中曾表达过这一概念，他同样认为"王国"是一个具有自身意义的实体。他说，尽管圣·文森特的圣遗物供奉在里斯本市接受人们的祭拜，但是他作为殉道者在整个王国受人敬拜，因此王国不受国王束缚。这是一种早期观念，尽管在 12 世纪时只限于神职人员和受过良好教育的文化人有此概念。在 13 世纪，这一观念仍得以缓慢传播，尽管那时将王国视为君主的财产之观念持续了相当长的一段时间。这点我们可以从大臣公署在以国王的名义撰写的文件中频繁使用所有格形容词这一点看出，他们总是书写为"我的王国"。由于那时大量出现一些文章和文件，认为王国概念的使用与其统治者并无关联，因此，王国是一个存在于时代的实体，不一定像统治者那样是暂时存在的。这个概念传播缓慢，主要在城市和受过教育的群体中流传，然而，君主使用所有格的现象因此持续了几个世纪，几乎一直延续到近代末期。但是，对于当时的民众阶层来说，"王国"肯定仅仅意味着一个领土概念，他们不会想到是由国家所有居民组成的一个共同体。无论如何，"王国"作为确定国家公民是一个整体的名词，其概念是对国家认同的一个重要补充。"出生地"也是一个中世纪的概念。至少从 13 世纪开始，该概念就设定人们对某个君主负有忠诚的义务，因为他出生在该君主的统治领地内。但是，我们不应该忘记，这是一种封建时代的思想。因此，它所指的忠诚首先是封建领地内依附于领主的农奴必须忠实于领主。在封建体制占主导地位的时代，农民对封建领主的忠诚超过对国王的忠诚。另外，由于国王距离农民太过遥远，根本不可能提到对他的忠诚问题，除非国王就是封建领主，则可以在自己的领地范围内要求农民忠诚于他。王室集权过程就是要使人们对国王的忠诚义务高于他们对封建领主的忠心。尽管历经了无数的斗争和对抗，付出了沉重的代价，这个原则最终在唐·迪尼斯朝代取得了胜利，不过在 14 世纪却又反复遭受了一些挫折。该思想在被视为王室领地的城市没有引起反抗，与此同时，市政自治的迹象消失了，但是与世俗和教会领主仍然保持管辖权的领地上的情况截然不同。然而，在意识形态方面，在13世纪已经流传的罗马法概念的支持下，王国中所有居民都是国王的"自然"附属臣民这一原则已经根深蒂固。该思想基于"出生"的概念，后来又与"自然"之概念相联系，因而包含了意识形态方面的意义，这样它就被人们认为是一个基本事实，无法触及且十分神圣。另外，由于"出生地"之起源是一个带有封建性质的概念，因此也隐含了这样的思想：效忠之义务并非农民会自动承担，而是以封建领主必须尽到对其提供相应帮助和管理之责任为前提条件。事实上，虽然农民的附庸身份与生俱来，但是，他们和领主之间责任义务的相互性质毋庸置疑。然而，臣民效忠之义务随后演变为自动义务概念，秉持这些观念的伊比利亚半岛最伟大的意识形态学家之一圣贤阿丰索十世（Afonso X）认为，背叛国王是令人发指的罪行。我们可以看到，"出生地"的概念发展成为"王国"概念的补充，并开始指同一王国的所有自然人。反过来，王国的概念在获得领土意义时，也隐含"国界"的含义。实际上，虽然以前国界的概念意味着国王对其臣民的管控权力多于对他们所居住空间的控制权力，但国家边界是一个与人类相关的、多变的、不确定的现象，它通常是一个兵家争夺之地或人迹罕至的地带。受"出生地"概念的影响，边界开始首先被视为将一个国王的臣民与其邻国国王之民众分开的界线。因此，它就成为"领土"概念的补充，而"领土"又被解释为一个地理依据，用于区分生活在各自不同国界以外的人民。边界始终将"我们的"与"别人的"（即本国的与外国的）区分开来。根据"王国"的概念，国家认同的另一个补充概念是王位继承。它比我们到目前为止讨论的其他概念都要古老得多，然而到中世纪时，它采用了新的形式。它既是保持权力永久性最重要的表现形式，同时也是凝聚国家臣民的纽带。因而由此概念产生了诸多呼吁其神圣性的神话创作，作为强调其神圣完美的一种方式，比如我们稍后将讨论的奥里克神话。因此，如所有首领一样，国王总是以这样的形象出现：他始终是国家共同体的协调中心，国家团结与凝聚力的保证人，抵抗敌人的捍卫者，应对威胁人民的变迁和挫折时的保护神。但是，王权永久性之意识形态表达变得越来越尖锐，从而对国家共同体的概念产生了影响，如此一来，国家共同体也注入了永久性和神圣性的设想。

正如我们在国家认同演变过程中已经看到的那样，实际上只有在文字传播和全体人民参与公共生活之后，人民才对国家认同有了普遍的认识。同样，我们刚才列举的那些概念对大多数葡萄牙人形成国籍概念的影响也非常缓慢。显然，最先形成此概念的是王权的代表人，即大部分神职人员，特别是最接近教区主教和教会领导中心的神父，然后是市政管理成员。在国家意识形成的过程中，对其他民众影响更大的元素可能是一直使用的国徽和其他具体的国家标志，例如国王的纹章、国旗和货币。实际上，它们已成为识别标志，它们的象征性形态赋予其一种情感上的力量，这有助于使人们忘记它们是统治象征的原始意义。因此，在由于政权更迭导致其形态发生变化（比如国旗所经常发生的情况那样）的情况下，即使国王不复存在，其纹章也始终是恒久不变的元素。直至今天，它仍然出现在葡萄牙的国旗上。

价值的赋予

　　若将捍卫国家认同视作有利于国民的方式，那么赋予国家认同的"价值"就甚为正面积极和重要。当集体利益被认为高于其成员个体利益时，国家认同之价值甚至可能变得至高无上，因此，它是行为准则不可或缺的一部分，要求国民为保证国家共同利益，可以牺牲一切，甚至是牺牲生命。这些思想已成为"祖国"概念的固有内容，具有基本的、神圣的、无可争议的价值。民族主义思想家认为，国家认同之概念具备永恒性，他们同样倾向于将永恒性赋予"祖国"这一概念，但是，历史研究无法证实这些理论。"祖国"一词的原始含义并非如此，尽管从很早以前开始，该词就隐含一种情感意义和强烈的价值意义，但它远非用于指代全体葡萄牙人。事实上，在 11、12 世纪，就已经存在"为祖国而死"（pró pátria mori）这样的证词，表达了一种崇高的理想，但当时的"祖国"的意义有别于很久以后它所获得的含义。它指的是祖先的土地或出生地。直到罗马帝国末期，在法律文本中提到的"共同祖国"就是指称罗马，所有的罗马公民，即使不是出生于罗马，皆可援引其为"共同祖国"。但是该词的这一含义随着罗马帝国的崩溃和基督教的到来而消失，仅剩下它的原始含义。正如伯纳尔德·古尼（Bernard Guenée）所说的那样，祖国之于和尚，就是他的寺庙；之于农民，就是他的村庄；之于资产阶级，即为他的城市。12 世纪，一位英国作家曾将这个术语应用于岛国君主制。13 世纪下半叶，某些法国法学家重新在法国启用该词先前的罗马概念。该意义在法学家中顺利推广流传，并被一些知识分子所使用，他们打算将负载于祖国相关的情感内容和价值意义植入到整个君主专制国家。这明显是意识形态方面的用意，但是，它被广泛接受的过程与"国籍"这一概念被接受时一样缓慢。此外，彼时它仍然是一个拉丁词语，它被改编为法语是在 16 世纪，而被改编为葡萄牙语或许可以追溯到 15 世纪（若泽·P. 马查多，José P. Machado），这与人文主义或文艺复兴运动有关。因此，给国家认同赋予价值是一个非常缓慢的过程。让我们尝试使用一些历史证据来重建其发展历程。

最早评价葡萄牙人不同于"外国人"的表述出现在《阿丰索·恩里克斯编年史》中，该作品于 1184 年或 1185 年成书于科英布拉的圣克鲁斯，其叙事背景是关于圣·马梅德战役的消息。根据作者的说法，当时"某些可耻的外国人在其母亲特蕾莎皇后（D. Teresa）的赞同下垂涎葡萄牙王国"，阿丰索·恩里克斯使用强硬手腕占领了葡萄牙王国。接着，作者又重复了对那些外国人的批判，他说恩里克斯王子在其朋友和葡萄牙最高贵族领主的帮助下夺取了王位，这些贵族"更希望他上台执政，而不是由其母亲或那些可耻无德的外国人统治葡萄牙"。当作者将葡萄牙称为王国时，很显然，是将圣·马梅德战役后才发生的事实投射到过去。然而，很重要的一点是，在阿丰索·恩里克斯统治末期，有位作家已经否定了加利西亚人为葡萄牙人，而称他们为外国人，并认为这一事实足以使将他们驱逐出境之行为合法化。显而易见，这一行动要归功于阿丰索·恩里克斯，而不是葡萄牙国民。在 14 世纪末，大约在 1380 年的一份文本中，一群贵族因为是葡萄牙人而被赋予正面形象，而跟他们的首领身份毫无关系。这段文字出自《唐·佩德罗伯爵家谱》一书第二十一章的最后插叙中，记述了罗德里戈·福尔雅思·德·特拉斯塔玛拉（Rodrigo Forjaz de Trastâmara）的英雄事迹。文章纯属虚构，时间可追溯到 11 世纪葡萄牙和加利西亚国王的加西亚战争时期，这些事迹的主人公曾两次热情盛赞"这些葡萄牙的贤良贵胄"。

其中一次，他甚至说葡萄牙的贵族"始终恪守真理和保持忠诚"。作者是一个名不见经传之辈，在唐·费尔南多国王时期，亦即国王与卡斯蒂利亚（前文已述及其民族特征）交战期间，曾效力于济贫院骑士团首领阿尔瓦罗·贡萨尔维斯·佩雷拉（Álvaro Gonçalves Pereira），即努诺·阿尔瓦雷斯·佩雷拉（Nuno Álvares Pereira）的父亲。如前所见，1383 年革命之后发生的事件进一步凸显了国人对外国人的敌对情绪，正是在此背景下，诞生了奥里克神话。该神话源于一个极力夸大阿丰索·恩里克斯打败摩尔人的五位国王，取得令人难忘之胜利的传说。奥里克神话随

后的确成为葡萄牙人夸张炫耀的基础。但是，在
12 世纪末期，如前面提到的《葡萄牙国王唐·阿
丰索编年史》❶一书所说，对该神话的叙述添加了
一些不可信的元素。经过不断的重新诠释，在没
有补充任何实质性成功事迹的情况下，这段故事
于 14 世纪末开始添加了耶稣基督显身的著名片
段。根据该故事的这一版本，为了纪念基督的显
身，阿丰索·恩里克斯在战争过后确定了皇家徽
章的图案，形状为白色的战场上一个蓝色十字，
十字上分布着五个盾牌，"为表达我对耶稣基督
殉难和受难之敬意，我在每个盾牌里放了三十块
银币，这是耶稣被卖的银币总数"。后来的国王
为了能够在较小的空间中表现这些盾徽，将"银
币"的总数减少到三十个，也就是说每个小盾牌
里放五个银币。

因此，尽管在此版本的"奥里克神话"中，

---

❶ 《阿丰索·恩里克斯编年史》。——译者注

并没有说基督本人曾将盾牌亲赐予葡萄牙国王，但战争与耶稣基督的出现之间的关系本身就意味着阿丰索·恩里克斯受到超自然保护。至于上帝之保护范围扩展到葡萄牙的所有国王，进而延伸到整个王国的明确说法，则是很久以后的事了。正如卡洛斯·科埃略·莫里西奥（Carlos Coelho Maurício）所指出的那样，直到唐·曼努埃尔（D. Manuel）统治时期才证实有此说法，他发表了一篇备受质疑的著名文章，记述了阿丰索·恩里克斯发誓耶稣基督曾在奥里克战争中显灵出现，他因此得到神助而大获全胜。该文章在16、17世纪引发诸多评论，并一直备受批判。

后来奥里克神话的演变发展使人们忘记了该故事在不同阶段的含义。事实上，在15世纪初，即1416年和1419年出现的两个版本中，那些盾牌仍然指的是国王的盾牌，而非国家的。如前所述，那时尚未有人相信阿丰索·恩里克斯之后的

葡萄牙国王也能获此神性护佑，更不要说神佑他
们所统治的国家了。盾牌并非基督本人亲赐予国
王，而是国王为纪念基督显迹而创造，所有这些
元素均是后来添加的。通过对王权及代表王权之
徽章赋予日益明确的神性之方式，奥里克神话的
意义陆续发生了变化，逐渐变得更具价值。人们
可以把 15~17 世纪的国王编年史中所推断出来
的意义和这些文本联系起来。众所周知，葡萄牙
国王的第一部编年史可追溯到 1419 年，由费尔
南·洛佩斯参考大量分散的材料进行编撰。虽然
那是一部未完成之作，但却是葡萄牙国王历史与
伊比利亚半岛记忆脱离的第一部著作。实际上，
他之前的所有编年史家均致力于使他们的英雄人
物（如阿丰索·恩里克斯或佩罗·派斯·科雷亚
（Pêro Pais Correia）尊师）的光辉事迹、修道院
的建立、奇迹圣迹或圣贤的生平能流芳百世，或
是将葡萄牙国王的历史置于伊比利亚半岛的大背

景中（例如 1344 年的《西班牙总编年史》）。

因此，费尔南·洛佩斯需要收集不同性质的资料以重建葡萄牙王室历史事迹。然而，无论是 1419 年的编年史，还是之后直至 17 世纪中叶之前所编写的史书，对国王历史的叙述均多于对国家历史的记述。这些作品除了一致将事件发生的连续性作为合理因素（例如 1429 年国家档案馆概要性的《简要编年史》便很明显地表现了这一点），更注重突出胜利事件，强调国王为了将他们继承的国家完整地传给自己的后代，为了获取胜利所战胜的危险、威胁和苦难。这些作品均把国家视为一个整体，让大家明白王室权威在全国所有地方均受到一样的尊崇。除非是在某些情况下，需要讲述反叛必然会被平定并受到惩罚的故事外，这些史书通常不提内战、内部矛盾和内部斗争事件。

因此，通过宣扬国王的理想形象，含蓄地传

达了这样的概念，即王权的连续性是国民整体安全的保障。如国王为国家奋斗一样，他们的臣民应该为国家共同利益而牺牲自己的潜在思想得以持续传播。

葡萄牙人作为主体出现的第一部具有重要意义的著作，或许是若昂·德·巴洛斯（João de Barros，1552~1563）的《旬年史》。但事实上，葡萄牙成为独立王国已是很遥远之事，因此很难再以王室为主体来叙述葡萄牙人的光荣事迹。虽然作品的叙事自然而然是围绕最杰出人物的事迹展开的，但实际上是把全体葡萄牙人作为一座集体英雄史诗的丰碑来呈现。葡萄牙人的"国家"意义正是通过一定程度上受此作品启发的著作（卡蒙斯的《卢济塔尼亚人之歌》）才获得更广泛的受众。正如著作的标题所示，这的确是一部集体史诗，而不是首领们的史记。葡萄牙人被冠以一个与其昔日辉煌相关联的名字（和罗马人长期抗争后恢复荣光的民族），成为一个钟情奥林匹斯山故事情节的主角。他们对海洋的征服得到维纳斯的护佑，令涅普顿恐惧，谱写了一段由战争和激情组成的光辉历史，其不可阻挡之势超越了众神的力量，偏居欧洲一隅的人民成功抵达了世界的尽头。《卢济塔尼亚人之歌》之于国家的形象影响巨大，但如果不对其话语意义与前述所有文本之义进行比较的话，这种影响难以给人留下深刻印象。它表达了一种将国家历史观视作整体而产生的强烈幸福感，这种阐述解释了前人未能理解的逻辑。文本以诗歌、修辞及宏大壮观的形式赋予作品巨大的说服力，那些认为自己同属于该民族一员的人们情不自禁地相信，这段历史实际上就是他们自己的历史。因此，读者将自己视作书中故事的主人公，不是作为普通听众聆听这一段激动人心的故事，而是作为民族集体的代表，在故事中扮演主角并发挥重要作用。直到那时以前，人民一直仅仅是灰暗的、被忽略的群体，他们的存在仅被视为王权的支撑，但自那之后，他们不再附属于任何首领，成为走在英勇行动最前沿的主人公。这是一个集体，因此是一个抽象的存在，然而当它成为一段光辉故事的主角时，即获得了人格，也就是连最简单或最无知的头脑都能够理解的身份。问题在于，要知道当时以及后来有多少葡萄牙人读过这首诗……真正可悲的是，我们注意到，《卢济塔尼亚人之歌》是在葡萄牙失去独立地位前不久出版的，而当时葡萄牙帝国崩溃的迹象已经非常明显。然而，这部史诗所表现和强化的意象获得了超乎寻常的力量，直至今天，它仍令人们满怀对国家命运最乌托邦式的梦想。另外，它还成为深入人民内心层面的代表作，感染了历史学本身，特别是 19 世纪以来的历史作品，甚至那些具有科学性和客观性的历史著作也深受其影响。的确，至少从该世纪中叶以来,"衰败"的概念逐渐成为国家历史上一个真正无法摆脱的困扰,这种观念在很大程度上深入人心,即国家在历史上曾经获得过超乎人类的辉煌,过去和现在的任何对比都必然令人异常悲伤和痛苦。他们因此开始对这种源于想象滋生的"衰败"之理由的解释来寻求替罪羊,认为或许是因为东方财富带来的道德腐败、葡萄牙国王的堕落、贵族上流阶层的贪欲、天主教会的贪婪、宗教裁判所的蒙昧主义、耶稣会士的马基雅维主义、君主专制制度、米格尔的保守主义、英国的制约、巴西的丧失等。与北欧国家的发展相比,葡萄牙经济和技术的落后成为最令人担忧的一面,寻求复兴之路更是充满了焦虑不安。所有这一切均表明一种观点,其不变的前提条件是国家无可争议的价值。

但是,我们不应该忘记,在16、17和18世纪,并非所有的葡萄牙人都读过《卢济塔尼亚人之歌》。因此，我们不可以将其意义投射到那时所有人的观念上，也不应将诗歌表达的所有概念灌输给所有人。毫无疑问，该史诗的读者不计其数，特别是在 19 世纪，它的影响宏大深远，但是也不可能超出受过良好教育的城市知识阶层民众，否则，我们无法解释此前提到的关于波瓦·德·瓦尔星渔民的轶事。这就意味着，尽管卡蒙斯在国家认同意识的进程中起了强大的推动作用，但在 16 世纪的葡萄牙尚未呈现，其作用实际上从 19 世纪的最后十年才开始得到验证。众所周知，随着"70 年代派"的产生，对所谓的"国家衰败"之写作和反思均得到了加强。然而，这一时代的作者并不仅仅局限于试图解释"国家衰败"并提出与之抗衡的补救措施，他们还尽力理解"国家"、定义和解释国家的特征，尤其通过研究葡萄牙人民的起源以及对其历史进行准确调研，提出国家应该

实现的目标和目的，参与国家建设，指出实现
国家复兴及适应现代世界之路，可以采取的文
化手段，如对葡萄牙历史进行精准研究，或者
通过更为实际的方式，如发展运输业和工业化。
从1890年开始，我们试图描述的运动第一次
超出了资产阶级和受过最起码教育的阶层范畴。
1890年的"最后通牒"事件明显地引发了强烈
的民众反应，可以毫不犹豫地称之为"爱国"
反应和"民族主义"反应。埃萨·德·盖罗
斯（Eça de Queiroz）注意到了这种与过去不同
的现象，他在一篇文章中对民众反应表现之泛
滥及情绪之激动深表惊讶。他将这种现象归因
于"集体观念的复兴"，并感觉受到了伤害，因
为"这种高度泛滥的情绪骚乱，让我觉得中学
生和零售商似乎突然接管了葡萄牙旧帆船的指
挥权"（路易·拉莫斯引用）。1870~1890年，随
着新闻媒体的传播发展和学校的增加，能够感

知国家认同意识并以祖国利益为重的葡萄牙人数因此大大增加，从那时起，国家导师的指导教育不再只是针对那些有能力作出政治、军事或文化决定之人士，而是特别普及于大众阶层。它采取呼吁公民精神的形式，提出这是每个公民的责任，并运用了最具说服力的方式，例如在国家光荣事迹的百年纪念日之际举行集体庆祝会，或者颂扬国家英雄，来作为新英雄的动力。为了实现领路人所期望的群众效应，没有必要反复说明祖国的价值，这种说服力在一开始就已得到保证。爱国主义已经达到价值级别的最高点，因此，可以完全将它作为行动的动力。国家认同观念迅速成为一种根深蒂固的信念，并存于每个人的意识中。从那以后，从自由主义到萨拉查主义，再到所有的共和主义，所有政治制度都援引国家认同观念，只有无政府主义者对其表示怀疑。这就是为什么他们被共和党人和萨拉查主义者激烈抨击的原因。萨拉查（Salazar）可以冷静地提出"上帝、祖国和家庭"这一程式作为其政权捍卫之价值观的基本三要素。最后，我们要指出，作为具有相似情感价值的因素，集体记忆唤起的国家历史事件是构成这种认同的要素，尤其是当它们作为整个国家之事件，而不仅是国家领导人之举的时候。关于《卢济塔尼亚人之歌》，我们讲过它的总体内容：大发现与扩张。我们现在可以添加其他内容，例如，阿尔若巴洛塔战役，尤其是那些国家革命；例如，1383 年、1640 年和1910 年国家革命。一些作者甚至把圣·马梅德战役或奥里克战役等诠释为"国家"事件。

他们把几个世纪后才有理由成立的概念投射到过去的历史事件中。对于现代历史学家来说，前面提到的革命具备"国家"性质也是值得商榷的：所有的革命都是由少数派或一小群人发起（例如 1640 年革命），而并不是如民族主义历史学家所期望的那样，即大多数人迅速自发地投身于革命中。但是，在此我们感兴趣的不是这些事件本身，而是从国家认同的层面对于这些事件的解释。当把这些事件视为国家整体行动的时候，一方面意味着国家是这些自主行动的主体，另一方面国家有可能通过这些作为新时期创始性行为的集体行动来实现自我复兴，就好像这些时刻中的每一刻都可以使前面丧失的原始纯度得到稍许恢复。这些事件的作用对于国家认同是如此重要，因此，萨拉查政权定然不会放弃通过 1926 年"国家革命"展现其合法性。然而，由于害怕赋予任何类型的革命运动积极力量（所有革命本来都是有危害的），后来恰恰是该政权否认了"国家革命"这一概念。此外，这个曾经作为群众运动的政权逐渐丧名失信，最终使原本赋予 5 月 28 日革命的宣传性质荡然无存。

因此，从历史角度对验证国家认同之进程加以分析，可以清楚地表明，国家认同与其集体观念密不可分。更恰当地说，从阿丰索·恩里克斯获得波图卡莱领地的统治权之时，直到里斯本和波尔图人民代表祖国利益举行反英示威游行的那一刻，其间经历了一段漫漫长路，葡萄牙国家集体归属感才逐渐形成。这个进程有一个纯属政治性的起点，即一位首领获得权力统治一群人；它又有一个不能仅归为纯粹政治性，而是属于社会学或社会心理学现象范畴的终点。从一个阶段发展到另一个阶段的过程包括：首先，逐步扩大认同这一集体之价值且能够理解所属集体之利益的群体人数；其次，为国家集体观念赋予内涵，以便能够通过既适用于简单理解，也适用于对其性质进行复杂研究的心理表征来构建它。因此，人们可能质疑国家认同的"自然"性、"根本"性或"永恒"

性，甚至是"长期存在"性。它必然构成一种
文化现象，虽然潜力巨大无比，但也许是昙花
一现。不过，这些问题应该在社会科学领域加
以深化探讨，而不应该仅限于历史方面的研究。

地理认同

如我们所见，19世纪有不少作者均从"自然"依据方面寻求国家基础。因此，彼时占主导地位的理性主义试图使早先时代思想家所推崇的国家基础产生的神圣原因适应现代思想：他们从自然界近乎神圣的实体中寻求与之同样重要的社会现实基础，因而他们认为这个基础不是任意的、非理性的或可消亡的。因此，难怪寻求葡萄牙个性特征的地理基础之尝试在这个时候才出现，但它的拥护者并不多。从埃利斯·雷克鲁斯（Élisée Reclus, 1876）到奥兰多·里贝罗（Orlando Ribeiro, 1977），当中还有巴罗斯·戈麦斯（Barros Gomes, 1878）和奥利维拉·马丁斯（Oliveira Martins，1879），人们逐渐确信，不存在任何具备实体基础的地理认同。

实际上，尽管曾经有过一些相反的尝试，但地理学家早已一致申明，葡萄牙领土作为一个整体定义的自然特性是相对于西班牙而言的！而对于其政治边界，实际上是微不足道的。大多数高地都是自然地越过边界并向边界之外延伸，大部分地带，无论是干旱之地还是河道流域，其两侧地势均较为平坦且景观相似。那些因高山而引起气候明显变化之地区永远不会在边界上，因此，大多数作者得出结论，葡萄牙与伊比利亚半岛的其他地区在自然特征上并不存在任何区别。这个国家是由人为造就，而不是自然之作。至此，我们的地理特性问题现在已经解决。它引起的争论对于自然条件的确定产生了更为积极的结果，即确定自然条件时，不能对葡萄牙整个领土一概而论，而应针对不同地区，也就是说，要根据地区之间的差异进行界定。葡萄牙地区之间缺乏一致性的现象突出，正如 1945 年奥兰多·里贝罗所说的那样，葡萄牙分为明显的三个大自然区：北大西洋区、北特拉斯蒙塔诺区和南部地区。但所有这些地区均向和其接壤的西班牙地区延伸。自然而然，这三大区被认为是解释直到 20 世纪中叶葡萄牙大部分地理人文特征的基本要素：土地的占领和开发方式、人口密度、传统文化和社会划分。因此，尽管地区之间存在过渡地带，对确定各地区的界限造成了困难，但地区之间存在巨大差异是构成国家认同的一个显著特征。直到 20 世纪 60 年代，地理学家一直认为南北反差比内陆和沿海之间的差异更为重要。但是，目前的领土结构倾向于清空内陆地区，将人口和主要的经济与文化活动集中在沿海地带，这种倾向加剧了一种不同的趋势，而这种趋势是非"自然"的。实际上，大西洋地区的外部特征与其最近的加速发展之间没有明显关系，付出代价的那些地区，其自然条件本身似乎并不能证明那里的逐步清空是有道理的。无论如何，这已经成为我们国家的一个特征，至少与南北差异一样强大。另外，应该指出的是，葡萄牙内陆北部和南部之间的界限非常清楚，中央山脉是划分南北的一个极为重要的地标。沿海地区则没有类似的分隔，这解释了地理学家提出的对边界的不同描述，其中一个地理学家阿莫林·吉朗（Amorim Girão），他出生于贝拉，但一直生活在科英布拉。他将葡萄牙不是分为两部分，而是分为三个不同纬度地带：北部、中部和南部。在布局上，中央山脉失去了分隔的作用，成为整个中部地区的轴心。最近，P. 比洛特（P.Birot，1950）表达了类似的观点。

但是，更多学者赞同南北划分观点，这也得到劳滕萨奇（Lautensach）和奥兰多·里贝罗的权威支持。

　　此外，划分南北标志的中央山脉还将地理分界功能延伸到更远的地区，也将北梅塞塔和南梅塞塔分隔开来，这一功能已被其他学科的专家注意到的各种现象所证实，例如方言学（林德利·辛特拉，Lindley Cintra）、农业技术（若热·迪亚斯，Jorge Dias；埃尔内斯托·维咖·德·欧利维拉，Ernesto Veiga de Oliveira）、亲属结构（罗伯特·罗兰，Robert Rowland；若阿金·纳萨雷特，Joaquim Nazareth）、宗教习俗（路易斯·德·弗兰萨，Luís de França）、1974年后的选举行为（若热·卡斯帕尔，Jorge Gaspar等）或政治行政结构（若泽·马托索，José Mattoso）。

　　这些不同的解释首先显示了对一个非常复杂的现实情况进行初步划分的粗略特点或是随意特征，其中不乏相互矛盾的、范围不一致的和不断发展的要素交织在一起。实际上，地理条件对国家认同的影响并不仅仅通过区域划分来表达，土壤的占用和布局方式也显示了认同的差异性。为了验证这一点，有必要考虑诸如海拔、土壤形态和土壤性质等物理因素，这些因素是气候条件、人口流动便利性以及土地开发难易程度的决定因素，总之，它们是决定农业劳动收成有利或不利的条件。这些因素共同决定了土地对人类群体的吸引或排斥程度，并因此决定了每个地区的特征。关于这点，我们不应忘记，在葡萄牙，很少有深洼之地、平坦之地，及富含腐殖土、足够湿润等有利于集约化农业生产的土地。此外，如大多数地中海国家一样，葡萄牙地势崎岖不平，气候干燥，土地贫瘠，有很多岩石土壤，所以良田仅存于零散的可耕土壤处。米尼奥是自然条件最好，总是吸引众多种植者的地区之一。杜罗河和沃加河之间、埃斯特雷马杜拉和阿尔加维沿海的土地自然条件也类似。下蒙特戈和利巴特茹由于地处冲积平原的延伸段，因而也可以看到土壤肥沃之地。在葡萄牙内陆，有利于农业生产的地区很少见，总体来说，值得一提的有位于后山省查韦斯和维拉里萨的沼泽地，位于埃武拉和波塔莱格雷之间的科瓦·达·贝拉地区以及环绕贝拉的"黏土"地区。但是，农业收成低的土地比例非常高，因此，尽管葡萄牙一直是一个以农业为主要经济活动的国家，但除了杜罗河地区的葡萄酒，阿尔加维沿海地区出口北欧的水果和葡萄干，葡萄牙从未生产出足够的富余农产品以出口国际市场。

在葡萄牙历史上，为更好地利用农业资源，人们做过很多次开发荒地的尝试。11、12世纪出现了诸多开垦荒地的消息，由此也引起人口的大量增长，一些荒地或牧区开始有人居住。后来在13世纪下半叶，以前的不耕之地得以利用。如今有资料证明，那时下蒙特戈、上埃斯特雷马杜拉和利巴特茹地区的沼泽地变得干旱，埃斯特雷马杜拉的森林得到间伐，米尼奥和埃斯特雷马杜拉的海边有居民点建立，但是随后 14、15 世纪出现了人口和经济危机，导致许多贫瘠的不利于农业之土地被随之抛弃。许多著名的或永久被遗忘的"死村"可以追溯到那个时期。从那时起直到18 世纪，对土壤的密集利用似乎或多或少地停止了。不过从 18 世纪末至 20 世纪中叶，葡萄牙人口的增长导致了新一轮的农业生产扩张，这一扩张运动在 19 世纪末至 20 世纪中叶达到空前强度，开展了一系列开垦荒地宣传运动，特别是在埃斯特雷马杜拉、塞图巴尔半岛、南里巴泰霍和阿连特茹地区。一些人再次回到未开垦的荒地，特别是到下阿连特茹。

葡萄牙境内直接取决于其土地物理条件的另一个自然条件因素是地形对交通和人群流动的影响。在国家内陆地区，高耸的诸多群山构成明显的交通障碍，尤其是那些山势较高，层峦叠嶂、怪石嶙峋的山脉，其中许多山区实际上人烟荒芜。因此，荒芜人迹和崎岖不平的格雷斯成为葡萄牙和加利西亚之间的分界线；陡峭险峻的马朗山将后山省人与米尼奥人分隔开来；星星山高原北部和南部的居民之间鲜有交流。比起到旁边的葡萄牙"王国"，阿尔加维人去达加蒂斯湾更加便捷。

这些困难不应泛化到整个葡萄牙内陆地区。那时，人们通过传统的交通路线翻越这些山脉并不存在太大困难，即使在崎岖不平的地方，挑夫和旅行者仍可以穿行。显然，在强调地区之间交通便捷与否的差异时，是公路和铁路的修建导致了如今淹没在山区的村镇与世隔绝，但是在从前，那里的居民习惯步行数小时，与平原保持着频繁的联系。那时，更大的出行障碍是湍急汹涌河流边那些陡峭的峡谷，杜罗河和塔霍河沿岸一带曾经就是这种情况，那些荒芜的边境地段数世纪以来曾一直是走私者的固定据点，可以与之相比的是利马、卡瓦多、蒙德戈的中部峡谷和一些支流地区，例如从科瓦·达·贝拉到特茹河的泽泽里河段，人们同样不愿在那里定居，但是导致他们逃离那些地方的主要原因是缺乏有利于农业灌溉的平坦土地。直到"波尔图"葡萄酒大规模出口之后，葡萄牙杜罗河深谷才开始吸引人们前来定居。但是，葡萄牙交通最困难的是重峦叠嶂的片岩山脉地带，阿尔加维山脉和中央山脉西南端的群山地区均与世隔绝：一个将阿尔加维与全国其他地区隔离开来；另一个则是埃斯特雷马杜拉、利巴特茹、低贝拉、高贝拉和沿海贝拉的分界线。它们均具有相同的不受人青睐之功能，不过原因有所不同，我们可以举特茹河南岸的查尔内卡老荒原地区为例。尽管那里近年来种满了软木橡树和桉树，但除了索拉亚河谷狭窄的可灌溉地带外，荒原的其他地方仍然荒无人迹。土壤的异常干旱、贫瘠是主要障碍，导致该地区成为葡萄牙南部、中部和西北部经济较活跃地区的分隔带。

我们这些对葡萄牙土壤和自然景观的了解，有助于解释人口集中点在整个国土上分布不均之情况。当前结构的一些基本特征具有明显的历史印记，这点我们可以通过对比唐·若奥三世（D.João III）在 1527 年下令调研绘制的地图与 1940 年相应之分布地图看出来。对于早前时期之情况，我们只有间接资料，例如 1320 年的教堂清单，但从中可以确认，那时居民定居点分布趋势的基本特点已经成型。在此后的五个世纪里，葡萄牙人口剧增，到 1940 年，人口比 16 世纪初多了 5~6 倍，到今天，人口数量已达到 16 世纪初的 8 倍之多。因此，我们只能比较区域分布类型，但事实证明，从前很多居民定居点的分布特征仍然存在。

到 1527 年，居住点的分布仍然深受自然因素的影响，特别是最肥沃或最易于耕种的土地的吸引力、发生人身事故时允许或能够提供的流通处理能力，以及权力拥有者所在地的分布。1940 年的地图绘制了农村定居点的最大扩展情况，这是前 150 年人口增加、使用化肥后产量增加以及工业化最初成果的结果。1527 年已经地区性确定了人口密集区或分散区，例如，在杜罗河与米尼奥河河间省中，仅 21% 的人口居住在"集中地"，而其余 79% 的人口分散居住在"村舍"中。相反，在后山省，有 90% 的人口集中居住在一起，如果不包括该省西南部的边界地区，这一比例还会更大。然而，不得而知的是，为什么后山省居民仍保持着群居，保留他们的地区风俗习惯，而在米尼奥山谷，人们则把房屋交错建在曾经被开发的土地之间，尽可能地靠近耕地。1527 年，在贝拉中部已经有许多小型乡镇，每个乡镇都由一个"村镇"（通常是一个简单的村庄）主导。大多数乡镇坚持到自由派政府取消那些很小的乡镇，并将它们合并到其他更重要的乡镇中。在埃斯特雷马杜拉，16 世纪就已经建立了村庄和城镇网，随后的人口增长产生了分散的村镇，造成一种分布非常复杂繁乱的居民点。在阿连特茹，几乎所有的乡镇都有一个具备一定重要性的城镇或城市，它们通常由城墙包围，地势较高，有些设有郊区，并有村庄和"隔开的村舍"，形成一个分散的居民点。与埃斯特雷马杜拉不同，阿连特茹的居民在 16 世纪后几乎没有增加，许多市中心的居民人数几乎没有成倍增加（而我们从前文所知，葡萄牙的人口增长了 6 倍），并且失去了非乡村功能。但是，那里密集的聚集式定居中心网的框架却经久不衰，保持着一个极为特殊的景观。现在，由于年轻人流失到沿海城市，那里的人口继续减少，因此在 16 世纪，居民的区域定居方式已经确立。但是，每个地区人口的相对比重及其分布的总体格局发生了相当大的变化。我们可以看到，人口密度在 13 世纪就已经很大的米尼奥和下维嘉依旧人口密集，埃斯特雷马杜拉的吸引力仍然存在，我们前面提到的某些几乎荒无人迹的大片空地还是无人居住。但是也有些地方发生了重大变化。请注意，后山省、贝拉东部和上阿连特茹的人烟稀少。1527 年，南部的边境地区（现已荒无人迹）人满为患，热闹活跃，除米尼奥地区外，沿海地区的居民比内陆地区少得多。一个长期的总体特征可以反驳这种变化：西北地区的人口密度比全国其他地区都高。这种持久的不均衡性可能来自史前时期。直到近年来，由于中部沿海地区，尤其是里斯本周边地区的人口相对比重增加，这种反差才开始减弱。在 16世纪，当埃斯特雷马杜拉人口数量开始可与米尼奥地区相提并论时，就已经显现了这种现象。里斯本大都市区人口的迅速增加表明了这种人口流动的惊人结果。但最突出的一点是，除了阿连特茹沿海地区以外，沿海人口与内陆人口之间的失衡日益加剧。对近二十年来按城市人口增长地图与相应的人口减少之地图进行比较，我们可以发现，人口增长仅发生在维亚纳·多·卡斯特洛和塞图巴尔之间的沿海地区，而整个内陆人口均呈减少状态。从 1950 年起，人们开始聚居于就业机会更多的地方。在内陆地区，只有那些城市中心有所发展，以及能够通过新建道路网络"靠近"最先进地区的城市，才能在一定程度上弥补人口大量流失到沿海的损失。

现在我们来看一下 1527 年城市人口集中和农村人口分散的相对程度。在超过 100 户人口的行政区域地图上，两类地区形成鲜明的对比：在后山省、中央山脉北部的贝拉和西部下阿连特茹，没有一个地区超过 500 户人家，绝大多数地方只有 100 户或 200 户居住；在大西洋沿岸，从维亚纳·多·卡斯特洛到萨多下游，在沿海的阿尔加维和中央山脉以南，从贝拉到科维良地区，人口居住密集，均超过 1000 户人家。令人奇怪的是，城市人口较多的这三大区域后来的发展大相径庭。两个沿海地区在其中心城区的推动下继续发展，特别是波尔图和里斯本。相反，位于卡斯蒂利亚边界的城市化区域，曾经因紧靠古贝蒂卡和安达卢西亚首府，自罗马时代以来城市网发展没有多大变化，在成为葡萄牙领土后发展就停滞了。在 16 世纪，只有埃武拉因经常召开议会而表现活跃，逃脱了南部内陆地区已经显现的衰败情况，但是，自 1580 年起，这项特权不复存在。它虽仍然是阿连特茹的主要城市，但不再是全省的中心。

　　因此，葡萄牙是沿着海岸地区发展的。沿海

城市中心建立在河海航行交汇地带，且河道与南北陆路交叉连接，发展繁荣兴盛。该轴线在罗马时代已经非常重要，它连接首都所在地的特茹河下游和西北部。当时的西北部人口稠密、富庶，有王国最古老的贵族庄园，以及由波图卡莱领地发展而来的君主国。11世纪末至13世纪中叶，权力逐渐沿着这条路线从北方转移到南方。除阿尔加维地区外，内陆的城市中心越来越依赖这条路线。

我们有必要将具有振兴地方作用的小城市和城镇与具有国家或地区功能的城市中心区分开来。小城市和城镇的定位是根据物资供应或交换等经济理由来解释的。它们面积较小，自然环境与其近郊呈鲜明对比，因此，它们位于后山省和中央山脉周围地区。其他城市中心则建立在具有重要战略性的地方，在陡峭的山顶上，但没有任何自然资源。尽管它们作为边境防御重地而受到

中央权力的保护，但仍然难以为继。它们要么像
米兰达·多·杜罗和马尔万那样发展停滞不前，
或者像努芒和玛丽亚尔瓦那样彻底消失。瓜尔达
之所以得以存留，是因为那里有一个蒙德戈山谷
的肥沃地块，并保留了主教区，而且还毗邻一个
直通欧洲的铁路交叉点。

城市中心与地区组织之间的关系薄弱。我们
不能将任何葡萄牙城市视为任何大区域的中心，
大多数城市均呈现鲜明的地方特征，或者作为更
广泛的城市类别的一部分。它们被归入相应的区
域，但不领导该区域。只有里斯本和波尔图这两
个城市是特例，它们是里斯本和波尔图大都会地
区的中心。只有地区首府最近才开始与其所属区
域建立一些清晰的关系，理由显而易见。中央政
府在 1835 年就建立了地区及其总部，其区域功
能、起源薄弱或受到其他城市的争议，但通过行
使新功能，以及建立如军营、中小学校或大学等

新机构而得到加强，这些都刺激了它的活动并促进其与附属领土的联系。地区总部的稳定发展证实了行政职能对城市中心演变的影响。

唐·迪尼斯国王时期所定义的大区县，起初只不过是名义上的一个区域划分。它们没有城市总部，各地地方官在整个辖区流动管理。人民的生活更多依赖市政当局而非王权代表，因此，尽管地区的影响力不断增加，大多数葡萄牙人的出身意识还是深深地带着数百年以来的传统印记，表现为与乡镇的关系，而非与大地区有关联。因此，葡萄牙的区域划分似乎与以一个城市为中心的大区规划毫无关系。里斯本地区自古以来一直是葡萄牙最大的城市群，自从我们可以使用定量数据将里斯本与其他城市进行比较以来，便似乎一直如此。全国主要的生产、行政和政治活动都集中于里斯本，这与葡萄牙国家早期传统的中央集权制相符合。这种现象曾被称为"葡萄牙巨头症"，这个词语恰如其分地表达了中心地区的经济和政治职能的集中与外围地区的相同职能萎缩之间的失衡现象。

从经济、社会、文化和政治行政角度来看，数世纪以来，葡萄牙城市化现象不断得到强化，并对各地区格局产生越来越大的影响。媒体强行推广的文化标准统一化似乎可以完全掩盖不同地区之间的文化差异，不过，目前尚不清楚这方面的实际成效如何。在如今城市化进程已经走在前列的国家中，某些城市已展现自身城市特色，使其发挥着与从前乡村文化模式相一致的作用。例如，波尔图和里斯本之间自古以来的竞争关系不太可能缓和。每个大城市及其大都市圈的具体特征可能会发生演变，但仍会保持各自的不同特点。区别地区和地方层面不同群体的识别标志，如今表现为极为复杂的地域行为举止，虽然它们与"地域性"因素关系甚微，但无疑像曾经与地方相连的标志一样，继续成为高度城市化人口的标志。作为对葡萄牙大陆地理特征的简要总结，我们可以说，人口分布、城市建设和通信网络的不均衡造成了巨大的地区失衡。葡萄牙显然是一个各地区情况不平衡的国家，当一些内陆居民抱怨他们的生活条件比沿海居民差、机会比沿海地区少时，他们所表达的这种差异性很难说是臆想出来的。这个问题不仅反映了每个地区所拥有自然资源的不均衡，也反映了葡萄牙国家权力分配的不平等。关于区域化的争论所凸显的现象由来已久，这是葡萄牙的一个结构性现实情况。

政治因素

　　如我们在第一部分所见，政治因素毫无疑问是国家认同形成进程中最具决定性的因素。证实这一事实后，我们现在要描述基于这一因素国家认同拥有的形式，最重要的影响之一就在于葡萄牙的国家名称。这一点值得我们花些时间进行研究。首先，让我们看看葡萄牙是如何诞生的："这块土地之所以叫葡萄牙，是因为从前杜罗河岸的盖亚城堡有人居住，还因为那时有船只把商人带进港，把渔民带到河上，他们在河的另一边靠岸和撒网。为了更方便活动，他们又到另一个地方定居，这个地方叫波尔图，如今的波尔图是个非常重要的城市。把这两个地方，即波尔图和加利亚的名字合起来就叫葡萄牙。"费尔南·洛佩斯，他可能是1419年《编年史》的作者，在该作品的第二章开篇是这样描述的。总体看来，这一理论至今仍然是成立的，尽管人们对波尔图斯和卡莱（两个今天被称为波尔图的原始名称之地名）究竟对应哪些地方进行了热烈且富于学术性的讨论。有支持左岸地方的，也有支持右岸城市的，还有人根据历史优先性支持河的这一端或另一端。不过，大家都一致认为：葡萄牙的国名源自波尔图市的早期名称。卡蒙斯与大家的观点一致，也肯定了这一点。

"那忠诚之大都，

赋予祖国以永恒之名

——葡萄牙，

令其享誉世界……"

　　有个问题也许并不是很重要，即弄清楚为什么这个城市的名字被简化为第一部分——波尔图，但在应用于国家名称时，却保持了它的原始形式（或由其衍生之形式）。然而，有一点我们必须弄清楚：为什么一个城市，从未被命名为一个地区或一个省，也从未成为王国的首都，其名字却能延伸到国家的名称里。一般而言，这种现象似乎意味着国家的名称来源于行政中心，而非一个民族。这一事实的重要性可以通过将葡萄牙名称与其他源自种族名词的国家名称进行比较来验证，例如，法国——法兰克人的土地；德国——日尔曼人的土地；英格兰——盎格鲁人的土地。

　　实际上，波图卡莱可能在罗马时期就已经存在，在苏维汇人时代是一个公民社区，在西哥特人统治时期仍然存续。这是个地名，但尚不清楚其第二部分"卡莱"是否应视为一个通

用名称，如坎蒂多·德·费戈雷德（Cândido de
Figueiredo）所记载的地方方言，意思是"岩礁
之间的河的最深处"；卡尔瓦里奥·达·科斯
达（Carvalho da Costa）神父提及阿威罗河分支
时，也同样使用了这个词语，或者它是否为前罗
马地中海某种语言的词语，意思是若泽·P. 马查
多所倾向的含义，即"岩石""避风港"或"堡
垒"。即使卡莱与居住在杜罗河以北的其中一个
人种卡拉克人有一定的关系（加莱西亚名称由
此族群而来），也很难把它视为这个民族的主要
中心。例如，阿尔曼多·科埃略·达·席尔瓦
（Armando Coelho da Silva，1994），一个卡莱与
卡拉克人关系的捍卫者，认为这个民族的文化中
心并非位于波尔图，而是在万多马城堡，那里有
一个圣坛，供奉着一个叫卡莱西亚（Calaicia）的
女神。总之，卡莱西亚是他认为居住于那一带周
围地区民族的名称。它的其中一边应该是玛蒂雅

（Madia），即玛伊亚（Maia），另一边是阿纳西亚（Calaecia），在两河流之间。它也许只是罗马省里一个同名的小地方，然而，根据同一作者的进一步推断，卡莱早在1世纪就已经被罗马管理层选为社区组织，这意味着那时它已经属于市政当局的管辖领土，他推断管辖范围向北延伸至阿威，向东到达塔梅戈。

波尔图是从哪个时代开始被赋予这样的地位并不重要。可以肯定的是，早在公元6世纪，在苏维汇人统治时期，它已经是一个重要的军事要塞和主教区首府。因此，它是罗马殖民统治的产物，并与该地区的人种结构保持着细微的关系，也就是说，它是一个人为的实体，是一个权力机构，对其所影响区域的统治地位是基于它的城市性质，这在当时已经显而易见。而这种性质在苏维汇人统治的其余时间里，以及从585年开始的西哥特人管理时期一直持续存在。

目前我们尚不清楚在伊斯兰教可能短暂占领波尔图期间（也许是在 714 年至 741 年之间）发生了什么，不过，人们认为他们对城市土地造成了巨大的破坏。尽管如此，波尔图的行政、宗教和军事职能的印记并未遗失，因为波图卡莱是 868 年阿斯图里亚君主国决定收复的首选城市中心之一。他们在那里建立了一个领地的总部，并将管理权交给著名的维玛拉·佩雷斯（Vímara Peres）伯爵。非常重要的是，王室当局的代表选择了这个地方作为总部，而不是波尔图所属的罗马加莱西亚省的前首府布拉加，也不是他的居住地吉马良斯。事实上，拥有这个公民社区可以控制通往加莱西亚的主要通道，因为它位于伊比利亚半岛西部最重要的罗马道路穿越杜罗河的地方。

这个决定应该主要出于军事动机。虽然波图卡莱的伯爵常年居住在吉马良斯，但他们始终认为自己是该领地的领主。9~12 世纪的文士将这里命名为"波图卡莱",认为这里是所有位于其边界内的定居点和房屋的重要区域。因此,这个地方从军事总部变成阿斯图里亚斯国王最高权力代表所在地,从而又恢复了其在罗马和西哥特时代的行政职能。然而,在中世纪鼎盛时期,存在两个层次的地域名称:一个是涉及范围狭小的地方,对应基于地形、面积划定的小区域,例如,一个山谷(中世纪的文件称其为"……之地");另一个则是针对范围较广的区域,相当于一个教会教区。前者可能不包括任何行政中心(尽管它们可能处于一个"城堡"或要塞的范围之内),而后者则是围绕一个古老的公民社区建立。我们关注的主要是后者,因为波尔图从来都不是第一个意义上的"区域"中心,仅曾作为一个范围更大区域的首府而无数次地出现在当时的文献中。然而,人们在绘制 11 世纪末以前文献提到的波尔图地区内居民点的地图时，我们可以看到，早在 10 世纪就已有一个明显的趋势，即波图卡莱的领地已经入侵了曾经属于布拉加、拉梅戈和科英布拉教区的地区，这些教区的边界大致为人熟知。事实上，阿威河以北、派瓦河以东以及杜罗河和沃加河之间的整个地区，这些地方曾经分别属于布拉加教区、拉梅戈教区和科英布拉教区，但现在都被提出是属于波图卡莱领地的土地。这种领土扩张现象的主要原因是维玛拉·佩雷斯的后裔，即波图卡莱的伯爵作为阿斯图里亚斯和后来的莱昂君主制王国代表所具备的重要地位。事实上，他们掌握了杜罗河以北至米尼奥河的主要政治权力，与科英布拉的伯爵，埃尔梅内吉多·古特雷斯（Hermenegildo Guterres）的后裔齐名。埃尔梅内吉多·古特雷斯伯爵自 878 年以来就已经在科英布拉城重建居民点。虽然波图卡莱的领土仅限于阿威河和沃加河之间的地区，但

由于整个古加莱西亚内的其他地区至米尼奥河的
区域均没有其他伯爵，意味着波图卡莱原始领地
远远超过了古代公民社区的范围，甚至超过了在
10 世纪和 11 世纪取代它的新"领土"范围。这
种权力布局大致遵循古罗马省划分的大地区之情
况，即加莱西亚大区划分为卢果、阿斯托尔嘎和
布拉加之间的法律区域，以及已经由基督徒收复
的圣塔伦修道院的地区（一个古卢济塔尼亚省的
分区）。人们用波尔图及周边地区的人口扩张能
力来解释这个现象也是可以接受的。事实上，有
几个集中的迹象可以表明，自 10 世纪以来，该
地区的人口密度已经非常大，因此，此地人的移
民能力也相当强。这种说法并不仅仅基于先验推
论，还可以通过各种间接迹象得以证实，且这些
间接迹象是具体的、有据可查的，可以在专门的
著作中得到验证。

　　波图卡莱行政范围扩大的第二阶段发生在

1096年，阿丰索六世（Afonso VI）把整个地区
归于唐·恩里克伯爵时期。众所周知，该地区由
波图卡莱和科英布拉两个领地组成，但名字只取
第一个领地的名称，这是波图卡莱领地人口和政
治重要性的明显标志。这个事实起初只体现在名
称上。的确，在教会层面，科英布拉教区一直到
1122年都在反对波尔图教区吸收杜罗河和沃加
河之间的领土，但没有成功；1253年，科英布拉
教区主教继续抗议本属于其教区的那部分领土被
永久归入旁边的波尔图教区。撰写第一部国家历
史著作，即《古波图卡莱编年史》的僧侣和神职
人员（其中一部大概写于1080年，另一部写于
1122年前后）从未把葡萄牙作为一个整体国家来
谈论。他们总是把葡萄牙分为"波图卡莱省"（直
到杜罗河）和"科英布拉市"（管辖同一河流以
南）两个不同的领土单位。在提及恩里克伯爵、
雷蒙德伯爵和特蕾莎伯爵，甚至莱昂国王的权力

时，当时许多文件的编撰人都说他们统治的是
"科英布拉和波图卡莱""从米尼奥到特茹河""在
科英布拉和波图卡莱""在科英布拉"等，以此避
免使用唯一一个词来称呼整个国家领土。将葡萄
牙领土视为一个整体概念的难度远远超过了葡萄
牙国家的建立，因为至少在1165年之前，我们
可以发现诸多这样的表述，即将葡萄牙定义为由
多个不同的领土单位组成。

尽管如此，"葡萄牙"这一表述的政治目的
从早期开始就不断得到加强，而且力度越来越
大。早在1098年就有一份文件提到，唐·恩里
克伯爵是"整个波图卡莱省的领主"；1102年有
份文件则认为他只是"波图卡莱伯爵"，同年还
有一份文件说"他取得了波图卡莱省及其邻近省
份管理权，其中之一是维塞乌省"；1118年的第
四份法规称特蕾莎为"波图卡莱女王"。现在，
这个自1128年阿丰索·恩里克斯掌管该领地以

来就开始，旨在将杜罗河以北的领土名称叠加在以前被认为属于两个不同领地的运动，几乎已经完全获胜，至少对于当时的领地公文编撰人，以及后来的王室来说是取得了胜利。事实上，他们一般采用的形式是"整个波图卡莱省的王子"或其他同等的称呼。1139 年，在阿丰索·恩里克斯获得国王称号后，他就彻底地被称为"波图卡莱的国王"。

这些表述的使用表明，1128~1165 年，人们渐渐遗忘了波图卡莱和科英布拉两个古代领地之间的差异。只有一些较为博学的教士还记得波图卡莱以前的领地范围只延伸到杜罗河，所以他们把河流以南的领土称为"卢济塔尼亚"。从那个时期开始，所有葡萄牙国王的臣民都被称为波图卡莱人或葡萄牙人，即使是那些从未见过波尔图的人。人们也忘记了波图卡莱在此之前仅仅是指杜罗和米尼奥之间的领土。

因此，"葡萄牙名称"（1419 年《编年史》，见马伽里埃斯·巴斯托（Magalhães Basto）出版的手稿）的确来自波尔图。我们不禁要强调这种语义演变的意义！让我们再次讨论葡萄牙的名称与大多数欧洲国家名称之对比，因为这些国家的名称一般都由其民族的名字衍生而来。事实上，波图卡莱人从来都不是一个民族或人种。那些受波图卡莱领主统治，且依附于维马拉·佩雷斯的后代伯爵的属民，仅为居住在杜罗河以北以及杜罗河与武加河之间的人们。后来，除了他们之外，唐·恩里克伯爵后裔的臣民融入那些居住在直至蒙德戈河的居民。接着，在以下这些国王统治朝代，国家臣民继续增加。从阿丰索·恩里克斯开始，加入了居住在蒙德戈河和特茹河之间的当地人。最后，从阿丰索二世开始，那些生活在特茹河和阿尔加维海岸之间的人民也成为葡萄牙国王的公民。这些不同民族之间的种族联系微乎其微，或者根本不存在。

所以，葡萄牙并非起源于一个种族的形成，而是源于一个政治—行政事实。换句话说，与民族主义时期普遍接受的学说相反，葡萄牙一开始是作为一个国家类型的形成，只是其最终形成一个国家的过程非常缓慢，经历了本书第一部分所定义的各阶段。葡萄牙政府一直逐步将一系列地区加入自己的领土版图，这些地区彼此之间几乎毫无关联，文化差异明显，生活条件也大相径庭。它们之所以能统一在一起，是因为存在一个政治权力的连续性，它以一种高度的中央集权方式坚定地统治着整个国家。当我们研究葡萄牙的名称是如何演变，以及该名称一直被应用的事实时，得出的结论与葡萄牙国家缺乏统一性完全一致。正如我们将看到的那样，葡萄牙境内确实存在着巨大的文化、景观和历史的多样性，而它们又与高度的中央集权行政管理并存。的确存在一个疑问，如果没有一个如此强大的政治纽带，这样一个多元化的国家是否还能够存续。无论如何，葡萄牙并非源于任何种族的形成；相反，它无视所有在其之前的族裔群体，并将自身作为一个政治实体而凌驾于这些族群之上，且与任何种族之间没有丝毫的特权关系。的确，葡萄牙"源自北方"，从社会的角度来看，北方贵族始终对它起着决定性的影响；但它那自北方开启并有效管理整个国家领土的中心，以及也是从北方开始建立的统治方式，显然是在解决南方政治问题的过程中塑造成型的。

当我们考察相反的论点时，这一结论得到了证实。该论点在所谓的种族因素中寻找民族的起源。像所有本质主义的精神建构一样，它在其起源中寻求本质，而本质又只能在国家建立之前的地域中寻求。虽然这些表述通常有些模糊，但也有作家在人民中寻找民族渊源，主要代表性的人民可能是今天的米尼奥人、贝拉人或阿连特茹人，并显然更倾向于前两者。

赋予米尼奥人特权的假设，与"正宗的"葡萄牙人起源于哥特人、苏维汇人或凯尔特人的理论隐约对应。无论如何，他们均起源于北欧民族，出身于"欧洲"，是战士和胜利者之民族。他们民族的纯洁性或多或少明确地与贵族相联系，因为人们认为波图卡莱的贵族是哥特人的直系后裔。人们在唐·佩德罗伯爵的《贵族家谱》或阿斯图里亚 – 莱昂的君主思想中找到了这一理论的历史学基础，尤其在阿丰索十世的编年史中表达得最为淋漓尽致。桑切斯·阿尔伯诺兹（Sánchez Albornoz）强大渊博的科学知识得益于此理论，尽管他颂扬一个虚构缥缈的市政民主，但他使卡斯蒂利亚人成为西哥特人的真正后继者。聚居在米尼奥的波图卡莱男爵可能是哥特人在葡萄牙的后裔，然而，奥利维拉·马丁斯却偏爱凯尔特人。在他看来，卢济塔尼亚的地名、人名和众神之名均具有凯尔特人的根基。他说，这才是葡萄牙特性的源头，"朦胧而似有似无"；在卢济塔尼亚的英雄主义中，它所揭示的是"高贵气质"；在"我们的文字和思想中，有一种深沉的或感伤的，讽刺的或温柔的音符"，这与"坚定的性格""愤怒"和卡斯蒂利亚文明的具体特性不同。与葡萄牙文明相反，卡斯蒂利亚文明"强烈却没有深度，热情却没有真心，强于抨击而疏于讽刺，爱恋却缺乏温柔，慷慨却不仁慈"。由此产生了半岛政治二元论，也因此，伊比利亚半岛上两个国家共存，但常常相互对立。20 世纪上半叶的一些作者，基于有限的数据资料，对葡萄牙人起源于苏维汇人之假说产生了强烈兴趣。事实上，苏维汇王国的领土范围与波图卡莱领地和加利西亚的疆域范围大致吻合几乎是这一假说的唯一论据，然而这种论据颇具诱惑力。冈萨加·德·阿塞维多（Gonzaga de Azevedo）神父是该起源说的支持者之一，塞吉奥·达·席尔瓦·平托（Sérgio da Silva Pinto）也曾试图对此一探究竟，但并无重大收获。葡萄牙民族起源于贝拉之论所依据的前提同样甚为模糊不清。早期研究可以追溯到文艺复兴时期的古物学家，他们曾在希腊罗马古典主义中寻找理论依据。那么，就如奥利维拉·马丁斯所认为的那样，葡萄牙人的祖先是卢济塔尼亚人，他们的身份认同里没有凯尔特人。他们的英雄是维里亚托，而卢济塔尼亚人对罗马人占领的抵抗是他们早期为民族独立进行过激烈抗争的表现。众所周知，赫库拉诺（Herculano）认为，葡萄牙人与卢济塔尼亚人之间的起源关系是一个不着边际的想象，毫无根据，但他却以另一类似的思想取而代之，且更为纷繁复杂：民族精神（浪漫主义者的民众精神）可以从罗马城市直接继承来的乡镇社区中找到，而罗马城市机制在贝拉社区中体现得最纯粹、最完整。这些机制的传播者是摩萨拉布人，他们不是半岛外来的阿拉伯文化传播者，而是作为抗拒背叛基督教信条、保留罗马市政组织传统之人。

这一思想经过或多或少的纠正或淡化后仍然继续存在，例如，托尔托·苏亚雷斯在其早期的一部著作中就曾试图复兴赫库拉诺的观点；随后，这位作者试图将这一思想与桑切斯·阿尔伯诺兹的论述进行调和，强调北方摩萨拉布人移民及其对阿斯图里亚斯君主制的影响（赫库拉诺本人也曾作此尝试）；最后，他强调了罗马省行政当局的三个司法"修道区"的领土永久性及其对半岛西部结构的影响。不过，纵观其著作，始终存在一个以贝拉人为核心的概念。

与前面的观点获得推崇不同，偏爱阿连特茹人的论述从未享有很大的权威，几乎没有人相信他们的能量，相信他们的作战能力或文化优势。但如果没有这些优势，他们怎么可能是航海光辉伟绩、征服世界、抵抗入侵民族、国家形成、民族对抗异教徒十字军远征之启发者和引领核心呢？他们是不是有点类似摩尔人？然而正是阿连特茹人与摩尔人之间的相似性吸引了安东尼奥·博尔赫斯·科埃略。摩萨拉布人的合法继承人不会是贝拉人，而是阿连特茹人。如果说葡萄牙人的博学文化、文人文化、政治文化起源于北方，起源于哥特人和十字军的继承人，那么大众文化则保留了摩萨拉布人不可磨灭的技术和精神成分，其持久力表现在数百个源于阿拉伯语的葡萄牙语术语上。现在葡萄牙人的工具、习俗和最典型的畜牧业、手工业和渔业活动都有这些词语命名的术语。然而，真正代表葡萄牙人民的不是占统治地位的、愿意与外国人结盟的、贪婪的和剥削人民的少数阶层，而是人民，是保留了纯洁民族精神之民众，是多数人和劳动者群体。最后，终于还原了特奥菲洛·布拉加提出的一个已被遗忘的论点，他在《风俗、信仰和传统中的葡萄牙人民》（1885）一书中，颠覆了赫库拉诺的论点，认为摩萨拉布人是罗马城市自治制的继承人和抵抗伊斯兰统治的基督徒，尤其是他把这个社会群体当作阿拉伯传统的继承人和传播者。特奥菲洛认为，"传统抒情诗的持续存在"起源于摩萨拉布人，并认为阿拉伯社会是"构成这个小民族的最丰富的基础"。我们不必过于坚持认为这些理论均缺乏依据，特别是所有这些理论存在片面性。凯尔特人理论根据幻想的行为特征构建，其论据是虚构的。哥特论源于贵族种族起源之神话，同样没有任何客观依据。摩萨拉布论总是受到桑切斯·阿尔伯诺兹论证的影响，他证明罗马市政机构完全解体；市政会议组织实际上是美赛达的一个典型现象，并非葡萄牙独有，而且与其他起源相比，摩萨拉人的因素并非尤为重要。我们在上文所看到的关于最初命名波尔图市的名称是如何扩展到今天葡萄牙全境的论述，在很大程度上均支持这些理论。这一现象形成的过程只能根据其行政性、政治性和国家性来解释，它就像国籍现象一样，既没有民族基础，也没有文化基础。事实上，并不存在具有自身民族表现形式的种族事实或大众文化事实（即通存于葡萄牙全国），除了语言认同之外，其他的所有形式都是区域性的。

政治权力和地区

我们只要把这些理论与全国各省的名称相比较，就足以证明国家形成之明显的政治特征。事实上，各省名称也都与种族背景毫无关系。所有省份都以一个中央行政机构为前提，显示了这些地区在其个性化特点或物理边界确定时期的政治特征，我们只要逐一快速浏览一下这些地名，就足以证实这点。有两个地区的名称取自曾经表示边界的术语：埃斯特雷马杜拉和贝拉。第一个位于曾经与摩尔人交战的地区；第二个是指与莱昂和卡斯蒂利亚王国的交界地区。它起初仅为定义葡萄牙其中一个边界的词语，后来扩展到杜罗河和特茹河之间，除埃斯特雷马杜拉之外的所有地区。另外有两个地名清楚地表明，它们的名字由外人，即中央行政单位命名：后山省和阿连特茹。以国家中部地区人民的视角来看，这些名称是合理的，尽管这些地区没有一个人会想出这样的名字，但当地人接受这些名称，所以采用它们。这些地名不表达任何身份。阿尔加维保留了一个阿拉伯语词，这个词仅对从地中海一侧的外部观望它的人才有意义，因为它的意思是"西方"。最后，米尼奥现在以简写形式命名。从前，它更确切地被称为杜罗河与米尼奥河河间省，因为这个名字指的是两条水道，仿佛那里的居民不足称道，抑或这些民族中没有一个占主导地位。总之，我们所说的"杜罗河与米尼奥河河间"这种情况可能就是整个国家的真实写照。政治权力总是忽视它所征服的领土上生活的人民。事实上，我认为，我们可以把整个国家视作各民族的熔炉，在后来成为葡萄牙领土的地区，没有一个是最重要的民族。让我们想象一下罗马统治初期之情况，那时存在大量的小民族，他们彼此之间实际上没有任何政治联系。此前，他们有时会联合起来抵抗罗马人的侵占，但自从被罗马人征服后，他们逐渐丧失了实际的独立性。普遍的现象是，少数占领者对被征服民族进行殖民统治，他们很快就能获得被征服民众中某些阶层的服从和合作。然而拉丁习俗、语言和制度的同化在南方比在北方更为彻底，在杜罗河以北，罗马化仅限于城市而已。随着罗马帝国的解体，以及入侵民族，即苏维汇人和西哥特人所建立的残余地方行政机构的瓦解，罗马殖民化的表面光辉在北方比在南方消亡得更为迅速，那里可能重新建立起地方凝聚力，但即使在北方，拉丁文化的威望并未消失。它仍然足以激励圣·马丁·德梅时代（或者也许已经是普利斯西利阿诺时代）的神职人员向北方人民教授一周中每天的教会名词，也就是说，向他们传授日常语言，尽管在这一时期，基督教会已经成功使人们忘记一周中每一天所祈求的神灵名称，并用其他称呼取代。这就确切地表明了，葡萄牙农村地区拉丁化只可能发生在 4 世纪末以后。但是，缺乏具备与罗马行政机构相当之同化能力的政治力量有利于地方小势力的出现。这些小势力代表了前罗马传统和对拉丁模式模仿受挫之间的妥协。无论在何种情况下，那都是一个小范围的自给自足的社会网，起先由苏维汇君主，然后是西哥特王朝，接着是一些穆斯林部队进行松散不定的管控。然而这些政治形态都不能与中世纪的君主制相比，更不能与现代国家相提并论。他们都只不过是军事首领，其士兵也仅行使一些公权力。当第一批穆斯林占领者离开加莱西亚后，甚至连这些公权力也不复存在了。即使在杜罗河以南，随着拉丁文化向地中海方向发展，其势力不断得到加强，但影响力却非常空洞无力，随之而来接替他们的阿拉伯政权也很少干预民众的生活，特别是在农村地区。

从这种地方势力极为分散、地区势力完全缺失、上级行政权力表面化甚至完全缺失（比如8世纪中叶至9世纪中叶的加利西亚）之状况，过渡到逐步建立起具有一定政治一致性的权力机构，是在什么条件下发生的，目前还难以重新构建。从9世纪末开始，我们就有一些数据可以追踪领土规划的过程；随后的文献资料逐步变得越来越完整，特别是在12世纪以后，那时君主制已经建立，我们可以追踪其行政手段的实施步骤。但是，对有些地区如何从原始的分散状态发展到纳入葡萄牙王室管理的领土秩序的相关知识还很不完整。

总体来说，在11世纪之前，阿斯图里亚斯－莱昂君主制的王室代表对地方和地区社区生活的影响很可能是非常肤浅、表面的。我们到目前所讲述的内容表明，在此期间，文化习俗和文明的传播实际上是在没有政治支持的情况下进行的。具有一定连续性的政治权力的支持只能在从11 世纪开始建立贵族领地网络的漫长时期中得到证实。领主受伯爵行使权力模式之启发，作为君主制的代表占领行使公权力，但仅局限于狭小范围领土内，如在曾经属于城堡之地的山谷及与其行使司法、军事和财政特权领地上的居民保持相当密切的联系。领主权力通过世袭方式传承，这保证了中世纪司法管辖范围"土地"构成（或重建）的一定稳定性，但遗产分配和婚姻的变迁也导致了"土地"发生无数次的组合或分裂。这种制度解释了米尼奥和沃加地区领土网络的一定连续性，但绝不是像古代的公民社区或教区那样，为了形成或重建更大的领土单位。因此，主要的问题是行政上的分散、缺乏对文化习俗的传承以及建立超越地方传统的政治支持。

在其他地区，领地制度是后来才建立的，例如，在后山省、杜罗和北贝拉；或者甚至在13世纪之前都几乎没有出现过，比如在实行乡镇制度的大部分地区（即蒙德戈以南）。因此，在12世纪之前，在米尼奥以外的地方，无论是否正式建立乡镇，自治社区制度均占主导地位，并且在此后都留下了印记，有些甚至保留到今天，特别在后山省。在北贝拉，持续不断的边境争斗一直持续到13世纪，所以那里建立起了聚居型的乡镇，有城墙保护，由平民骑士集体统治，没有个人贵族特权，因此具有强烈的团结精神。畜牧业的优势帮助该地区的居民习惯于流动旅行和搬迁，但自从甚至连村庄都建构得像"城镇"时，当他们最近边界上的地方性战争结束的时候，每个社区的独立精神导致各乡镇被分裂成一个个小单位。在高贝拉，各乡镇的领土范围往往非常小。因此，实际上，尽管基础不同，但领土被碎

片化是最常见的惯例：在米尼奥是由于贵族领地
权力的激增；在北方其他地区是因为乡镇的分
裂。因此，各地在创建地区传统和形成超地方文
化方面缺乏政治支持的情况屡屡发生。在伊斯兰
教统治时间较长的中南部地区，因其特殊条件，
可能会产生不同的结果，然而，对这些地区农村
环境的研究还未能解释清楚这个问题。

自 11 世纪以来，随着波图卡莱和科英布拉
两个领地的消亡，从 1096 年起，唯一具有区域
特征的政治实体就是波图卡莱伯爵领地。它虽然
不断扩张，但并未兼并本身已具备区域组织的实
体，这就意味着自 1249 年以来，它统治着一片
由截然不同的地区构成的领土，但没有哪个地区
具有任何政治架构。

由此，造成了习俗和传统的散乱性甚至不连
续性特征。这些习俗传统仅保留了流通区域习惯
风俗的一致性，而这些习俗是源于地理单位，没

有任何行政支撑。起初，他们对罗马统治者久负盛名的强势文化几乎毫无抵抗力；因此，根据距离城市中心的远近以及城市对其农村地区的影响程度，拉丁法规体制或多或少渗入了这些传统习俗。随后，我们刚才提到的一系列变迁导致地区层面始终缺乏凝聚因素，直到更高层面的葡萄牙君主制的建立。因此，可以理解为，我们可以区分后山省与米尼奥、贝拉或埃斯特雷马杜拉的传统，但很难以连贯一致且真正有区别的方式来界定它们。然而，在这些传统中，我们可以区分出一些似乎相比其他传统而言更具统一性或特征更为突出的传统习俗。实际上，这是后山省、米尼奥、阿连特茹和阿尔加维的情况，而不是贝拉和埃斯特雷马杜拉的情形。更确切地说，贝拉人的风俗在山区有一定的统一性，而在山区之外则无一致性。埃斯特雷马杜拉则恰恰是以其幅员狭小，习俗丰富多样而著称，其他省份也有其更为明显的独特性。然而，每个文化地区的主导特征却丝毫没有体现在任何特别的历史行为层面。这种现象只能从葡萄牙大领土层面上来观察，特别是从南北对立的视角下来考量，这样可以佐证这种分布的结构性特征。通过总结专门的历史研究，我们可以发现，"濒大西洋北部"是领主封建国家，是中世纪贵族的滋生地，是各时代葡萄牙贵族的温床，而"北部内陆"则是收复失地时代形成于围墙城市市镇主义精神的熔炉。至于"濒地中海南部"，那里一直保持着城市经济的传统及其对农村经济的重大主导地位。如果说濒大西洋北部地区为葡萄牙提供了 19 世纪末之前在国家整个历史上占主导地位的社会分布模式，那么北部内陆则提供了在国家支持下，后来推广到全国其他地区的市镇组织模式，而南部则同样是在国家的推动下，提供了城市构建模式，以及由此发展形成的国民经济，即较之相应的农业资源，始终更强调对城市物质资源和主导发展方式的利用。南北之间的紧张关系迄今为止从未停止过（有人认为，这两个地区之间从未达到过经济和精神的共生），这已成为地区对立的基础，例如在1245~1248年、1319~1324年和1383~1385年的内战中，在自由斗争时期的帕图莱亚战争中，以及1910年以后发生的试图恢复君主制的斗争中均有反映（传统史学很少关注这些）。自1974年以来的民主选举结果已经表明了传统保守的北方与进步创新的南方之间存在明显的紧张关系，并持续反映在政党的分布、宗教信仰习俗的强弱、社团的竞争、各种类型的家庭结构和语言现象中。一贯保持专制倾向的葡萄牙政府总是极力忽视或掩盖这种分歧，特别是在最近一段时间，但这是一个不可回避的现实。

然而，至少自沿海主要城市实现一定程度的工业化以来，相比我们前面论述过的沿海与内地之间逐渐凸显的差异，南北之间的对立，无论是否不可减少，都开始丧失重要性。此外，近几年来，人口持续从农村向城市迁移，最终削弱了长期以来北方的人口优势，在葡萄牙历史上首次开始扭转人口的分布不均，人口开始转向南方（或更确切地说，是从中部到蒙德戈以南的地区）。沿海与内地的反差，以及后者相对于前者的劣势，一直都是全国的主流趋势，并未随着发展内地的一些尝试而减弱，反而不断凸显出来。

由于开通了各种主要路线，最近与内地的交通有所改善，又在各区首府乃至其他城市建立了（公立或私立）高等教育中心，这是否确实有助于更好地分配国家资源，目前还不得而知。如果实行有效的政治权力下放，建立具有真正行政自主权的地区，内陆地区是否会有更大的发展，同样也不得而知。然而，事实是，为所有葡萄牙人创造均等机会似乎是国家民主化的必然结果，亦为任何政府或政党，无论真诚与否，无论他们为实现这一目标采取何种途径，都不得不宣称的一个优先目标。显然，城市化进程的发展应该有助于统一发展水平，或者至少有助于减弱最凸显的差异。若是如此，也会出现文化统一化的趋势。那些从根本上以农业生活为基础的地区，文化差异将会趋于模糊淡化，因此，我们不清楚葡萄牙各地区的未来如何。但事实上，文化传统习俗具备巨大的适应能力，尽管城市统一化不可避免，但相同地域条件的持续性却引领着每个地区自身的文化发展。

到目前为止，我们所看到的关于民族的分裂、地方（无论是领主的还是市镇的）势力的瓦解、大众文化之于文人文化的劣势，都表明了无论在各个层面还是在各个领域，那些已构成的势力对形成地区认同的影响甚微，但在全国任何一个地方，对形成国家认同的影响巨大。或者，更确切地说，国家所代表的政治权力，在经济、社会和文化主导力量的支持下，对国家认同的所有表现形式均具有巨大的影响力。实际上，创建并维持葡萄牙人身份的是国家，这也是国家意识的产生过程如此缓慢，其民众表达如此迟缓的原因。直到 19 世纪和 20 世纪国家形成、集权、巩固强化，并最终获得完全垄断的公权力后，国家意识才沉浸入葡萄牙民众各阶层、各领域。

证实政治现象对国家意识的形成具有决定性影响的另一现象是，国家意识的出现与其他层面（特别是地区层面）的任何领土归属感无关。事实上，在归属于某一特定地区或家族的意识与葡萄牙人身份之间并不存在连续性关系（与现代国家情况不同，例如，源自日耳曼或斯拉夫民族的国家之民族形成与其现代政治表达之间存在连续性）。葡萄牙人自始即为葡萄牙国王的臣民，他们并不属于某个特定民族。

政治权力的配置及其与社会力量的关系

　　这些事实很快使得人们将信将疑地考虑尝试对葡萄牙身份进行本质主义定义，甚至是行为定义，但这些尝试并不排除构建反映葡萄牙社会的特有形式。虽然试图从社会心理学的角度对它进行定义存在模棱两可性和可争论性，但从社会科学的角度来考虑，这些尝试似乎有充分严格的客观性（尽管评价和解释都可能存在争议）。然而，它的构成似乎在很大程度上取决于由于历史原因形成的政治权力分配与行使的特有形式，因此，让我们首先考察权力问题，作为对上述关于各地区权力论述之补充。总体来说，我们已经看到，从穆斯林的入侵到葡萄牙君主制的形成，政治权力的完全缺失或薄弱无力导致国家领土四分五裂。小规模的地方势力，如领主的封地和乡镇，其中有些面积很小，与任何地区均无关联，规模甚至还不及古代公民社区或教会教区，因此君主制几乎可以毫无阻碍地得以巩固加强。尽管如此，在 12 世纪，葡萄牙国王仅仅是一个比其他国王更强大、更富战斗力的君主，不过是"同侪之首"罢了。事实上，当时的君主对自己权力的具体性质并没有清晰的认识，但自 12 世纪末起，他们开始渐渐形成自己拥有特权的概念。在这方面，即使与整个半岛和欧洲的君主相比，国王阿丰索二世（1211~1223）也极具超前意识。但当他试图在其统治之疆土上建立一个稳固的最高权力的君主专制制度时，激起了高级领主贵族和一些主教的强烈反抗。经历了一段近乎政治上无政府状态之后，在此后几年里，新国王阿丰索三世（Afonso III，1248~1279）凭着敏锐的洞察力、能屈能伸的韧劲以及孜孜不倦之精神，逐渐建立了行之有效的中央集权君主制工具，且能够对全国每一寸土地进行干预。由于贵族旁系的成倍增加，以及势力最强大之家族男丁绝嗣，贵族的权势被削弱，他们轻易便俯首听命。对于最亲近王室的贵族而言，他们满足于享受拥护王室带来的利益，在规模缩减的封地行使领主权力，其荣誉地位大不如前。在唐·迪尼斯统治时期，君主制几乎大获全胜。

然而，国王还逐渐创建了针对乡镇的控制工具，并逐渐使他们树立忠诚的责任感。由于国家大部分地区采用了乡镇组织机构，领地贵族原则上不能在其乡镇辖区内行使特权，因此他们几乎只能在王室的支持下，在其原籍地区（杜罗河和米尼奥之间）以外树立自己的地位。因此，这样实际上不可能形成与国王分庭抗礼的大贵族世家。另一方面，规模宏大之乡镇的缺失及其频繁的分裂也阻碍了具有足够规模来挑战王室权威之城市势力的形成。

在唐·费尔南多朝代，王室增加了对某贵族阶层的恩赐，由此出现了较大规模的贵族家族之雏形。然而，对他们有利的政治条件因为1383年革命而发生了变化。若昂一世继位后，新王朝恢复了中央集权策略，后来，在阿丰索五世朝代，又允许一些贵族世家壮大，但是若昂二世再次扭转了这一趋势。在随后的朝代中，基于各个君主的不同个性以及主导的政治潮流之差异，情况不可避免地以不同节奏发生演变，但国家至高无上之地位继续增加。与所有现代君主制国家一样，葡萄牙国家对公共权力逐步垄断，行政职能出现集中化和官僚化。

这个概论尽管是笼统的，甚至有些粗略，但应该提醒大家，国家集权的强化在地区层面的表现是不均衡的。因此，司法制度的实施并不能阻

止许多地方司法机构，特别是在距离王室遥远，
对法律合理化有抵触情绪的地方，继续遵循其传
统习俗，而不是始终尊重司法等级制度。可以推
测的是，王室官员的权力较之覆盖到城市，更难
以到达内陆乡镇。此外，现代国家的逐步形成并
不能杜绝地方小权贵甚至地方寡头政治的持续存
在。尽管与国家整体相比，这些小规模势力事实
上在地方一级层面能够行使任意处置权，但规模
和能力通常都很小。此外，通过世袭方式继承之
官位的延长，比如某些市镇长官职位，导致王权
至上与地方分权之间的妥协体系愈加严重。这些
地方权力尽管实际存在，但并不构成对王权的重
大威胁。正如我们所预见的一样，地方权力的有
效性在郊区比在市中心大，在内陆地区比在沿海
地区大。另外，尽管国家逐步强大，而贵族世家
相对衰落，但拥有土地的贵族实际仍然统治着许
多地区。因此，王室官员、市政当局、宗族贵族

或（神职人员或军人团体的）集体贵族之间的地方权力共享和妥协程度呈现出千差万别，但是一般规则仍然有效：王室权力的效力在中部和沿海地区要比在城市外围和内陆地区大。

一方面，在贵族和教士阶层的支持下，君主政体也得以加强，因为君主基于自身利益会给予他们恩惠、特权和赏赐，这样有助于分享一些权力，但始终在君主的掌控之下。事实上，国王会在多个场合把贵族的豪宅充公以彰显他的权力。另一方面，葡萄牙王室也一直能够保持赐予他们恩惠，这一点赋予王室极大的魅力，使渴望得到赏赐恩惠的贵族尽可能靠拢王室。这种现象甚至使最具权势的贵族——他们在其省内拥有高官显爵和贵族庄园——都在埃斯特雷马杜拉或利巴特茹北部寻找房屋和领地，且更愿意居住在王室附近，而让他们的乡村小宫殿长期空置，或很少再去他们轻而易举就占领的地方。我们若要完整呈现这幅全景图像，应该需要概括描绘商业和城市资产阶级的背景情况。资产阶级有时在国家层面发挥着重要作用。例如，在 1383 年的革命中，以及他们在整个近代与王室在海外贸易的通力合作中均可见一斑。然而，似乎一直以来，他们始终未能形成大型的商人家族或足够强大且持久的商业公司。实际上，葡萄牙资产阶级同时遭受了外国商人和王室的竞争。外国商人控制了部分海上贸易和出口贸易；官方则垄断了香料和贵金属贸易的监督。另外，至少在 15 世纪和 16 世纪，他们还遭受"贵族商人"的竞争。贵族商人并不认为自己的贵族身份是他们参与有利可图之贸易的障碍。这种情况似乎阻止了不属于教士或贵族阶层之群体积聚经济势力，并使贸易活动的开展在很大程度上依赖于王室。国王显然利用大量非贵族个体来掌控他领导的贸易活动，但是这些人均依赖于王室，没有自主权，并且始终受王室官僚机构的制约。直到 16 世纪中叶，香料的海上运输才开始通过合同方式交给个体商人，但显然，这种授予并没有让他们自己分享到商业利润，这些利润到下一个朝代一直属于王室。另外，关于宗教裁判所的作用，如果安东尼奥·若泽·萨拉伊瓦（António José Saraiva）所捍卫的论点有些真实性的话，例如，宗教裁判所实际上是用于瓦解或至少削弱商业和金融行业，那么该因素会进一步增加葡萄牙资产阶级形成的困难。最后，资产阶级也绝不是社会所青睐的类型。对于具备一定经济实力的人来说，他们的理想就是成为贵族，最容易获得贵族身份的途径是通过市政管理职位或王室官员，有时通过王室官员可以获得贵族证，这也加大了他们对王室的紧密依赖。这种经济、社会和政治力量之间的关联性可能对 20 世纪中叶以前葡萄牙历史上最明显的现象之一具有决定性的影响：尽管政治权力与城市紧密相连，但城市经济对国家发展的影响有限。国家在经济格局中的影响力造就了庞大受惠群体的形成，这些群体不仅包括官员，还包括朝臣和贵族。他们对王室的效忠通过一种复杂的恩宠和特权赏赐方式得到回报并维持。上层贵族尽管传统上有时会发展自治独立并形成同国王的对抗，但他们对国王的依赖程度不亚于下层民众。教会在经济力量关系中也具有非常强大的重要性：教士阶层虽然同样依赖君主制，但程度要比贵族小，他们分配职位和护佑，其原因更多是出于控制社会团体和声望（巴洛克的威望），而不是出于牧民的理由。像贵族一样，教士也不可抗拒地迷恋王室。最后，君主制与商业和城市经济的密切关系使得里斯本在整个国家中具有极为重要的地位，但是总体来说，葡萄牙社会仍然像一个典型的"旧政体"社会，其迹象之一是除里斯本外，葡萄牙所有城市的规模都很小。实际上，在 1527

年，里斯本的人口超过 13 万，但按人口计算为
第二大城市的波尔图却只有 3000 多人。随后只
有 10 个城市的居民超过 1000 人（吉马良斯、圣
塔伦、科英布拉、埃尔瓦斯、波塔莱格雷、塞图
巴尔、贝拉、奥利文萨、塔维拉和拉戈斯），其
中仅埃尔瓦斯脱颖而出，人口超过 2000 人。然
而，里斯本和葡萄牙其他城市中心之间的发展不
平衡由来已久，大约在 1290 年就已经显现。我
们可以从当时那里的公证员数量作出推断，换句
话说，里斯本的"巨头症"现象一直存在。在整
个近代，海外贸易集中于里斯本更是凸显了这一
点。显然，农民的状况并不比城市资产阶级的情
况好。原则上，自君主制开始以来，没有什么可
以阻止非贵族农村大地主的财富积累。乡镇里的
善人通常是地主，并在地方一级拥有土地和政治
权力。但实际上，国家最优良、肥沃的土地都是
贵族或教会或王室领地，这是造成足够有实力能

与贵族和教会竞争的地主资产阶级不能形成的巨大障碍，因为留给他们的只有特茹河以北的贫瘠土地。即使是阿连特茹、利巴特茹和低贝拉等地区的大庄园，大部分也都属于军人教团。这些大庄园后来成为骑士封地，但自从君主接管这些教团后，就主要把它们作为奖励忠实臣民的一种方式，通常赏赐给中小贵族。另外，任何一个人如想设法获得足够的财富以达到梦寐以求的尊贵的社会地位，其理想就是获得贵族身份。正如我们所见，有时可以通过获得一个管理土地的职位或担任皇家官员来实现这一目标。因此，真正具有经济或社会意义的一切最终都取决于王权。实际上，这一事实导致庞大的受惠群体网络的形成，其中既包括官员也包含臣民，造成社会缺乏真正的竞争力。由于在阳光下获得一席之地的途径主要取决于君主的青睐，而后者更多以忠诚而不是功绩为标准，因此这种体系既不赞成个人的积极主动性，也不推崇私人投资生产活动。然而，这种现象似乎产生了一种惯性，以至于尽管自由主义压制贵族特权，将宗教教团财产国有化，减少教士阶层的权力，约束君主的权威，极力推动资产阶级的发展，但并没有取得多大的成果，只不过形成了一个新贵族阶层而已。当时已形成的知识精英阶层获得了话语权，他们拼命呼吁要进行彻底的改变，但除了让大家对建立一个更积极进取的社会普遍感到无力之外，并无任何成效。对比现在的种种困境与卡蒙斯和近代编年史家热情洋溢地颂扬的过去之辉煌成就，他们只能通过"衰败"的概念来理解过去辉煌和现在的差别。当他们提议模仿欧洲较发达国家之际，增加了对另一种差异的认识，即区分葡萄牙与欧洲其他国家的差异，但他们对有效减少这种差异的贡献很小。相对于全国人口，葡萄牙的知识阶层数量少，社会影响力较低，而且他们与受教育程度很低的民众距离较远，这就进一步加剧了悲观情绪。

　　某些少数派阶层曾对这种情况作过尝试性的斗争，但几乎没有统筹一致性的行动。他们试图寻求遵循欧洲发展模式，甚至是最现代化的模式；或者也有其他群体，也是少数派，他们偏向于从意识形态上试图证明"葡萄牙不是一个小国"，没落衰败的原因在于放弃了传统，而回归传统将重新释放所有沉睡的活力。从 19 世纪下半叶到 20 世纪 50 年代以后，无论是支持现代化抑或反对现代性的葡萄牙知识分子，几乎总是执迷于"衰败"，或者后来被称为"葡萄牙经济衰落"之观念。葡萄牙最具影响力的知识分子致力于对其原因、现实以及克服方式进行持久不懈的反思。众所周知，这种执迷又引发人们尝试赋予"思念""塞巴斯蒂安主义"以及"弥赛亚主义"其他更被推崇的概念以重要价值，或者进行卢济塔尼亚整体主义运动、葡萄牙文艺复兴运动以及与之相反的塞亚拉诺瓦之类的运动。爱德华多·洛伦索（Eduardo Lourenço）在他的《思念迷宫》中精湛地分析了这一现象。

事实是，从那时起，人们一直在效仿那些在工业化道路上发展得更快的国家，但始终无实际能力实现国家的经济和社会现代化。葡萄牙在 19 世纪末 20 世纪初取得了一些进展，但在随后的新国家时期则出现经济普遍停滞不前的情况，这可以通过发展指标来衡量，这些指标表明葡萄牙与工业化国家渐行渐远。我们要等到 20 世纪 50 年代——像之前一样，由于经济和外围社会的发展惯性——葡萄牙才能产生更接近欧洲模式的架构。

社会学认同

在此试图分析自由主义、共和国、新国家或民主造成的政治变革给经济和社会带来了怎样的变化，或者反之，分析经济和社会的变化对政治变革产生了何种影响，以及它们对葡萄牙认同的影响如何，这也许是一种遥不可及的奢望。人们一直在研究这个课题，或多或少都有依据，但是显然很难达成共识。因此，让我们转向这个问题的另"一端"，尝试在有关葡萄牙国家认同的"话语"中找到真正有依据的论述。如果以客观性为标准，那么要探讨葡萄牙人民的普遍命运，其深不可测之奥秘，以及不可减少之独特性，我们必须一开始就摒弃偏执且感性的神秘理论和弥赛亚理论。多位作家解释了它的存在，以及它从塞巴斯蒂安主义到葡萄牙哲学等诸多不同形式下的不断再现，这是因为在葡萄牙，具备文学素养的文化精英不断增加，虽然数量不多，但他们远离教育和文化政策的决策之地，而且脱离平民大众。普通百姓或者被精英以家长式的方式看待，或者被认为是粗鲁的、无知的、无可救药的落后之辈。博文图拉·德·索萨·桑多斯（1992）认为，国家认同现象的"过度神话般的诠释"将是一个"现实赤字的补偿机制"，正是由于那些诠释者与现实社会的实际接触之间存在一定的距离造成的。

因此，到 20 世纪中叶为止，文化精英对葡萄牙人民的具体特征的盘点均源自虚幻的想象，既不是安东尼奥·萨丁尼亚（António Sardinha）所强调的塞巴斯蒂安主义或思念之情，也不是各个作家所宣传的普遍主义—国际主义，亦非若热·迪亚斯提出的结合了日耳曼浮士德精神和东方宿命论的梦幻抒情主义，也并非纳塔利娅·科雷亚（Natália Correia）凭直觉感知的葡萄牙人的可塑性；既没有安东尼奥·夸德鲁斯（António Quadros）所着迷的圣灵崇拜，也没能力构建由桑帕约·布鲁诺（Sampaio Bruno）、阿尔瓦罗·里贝罗（Álvaro Ribeiro）和若泽·马里尼奥（José Marinho）倡导的"葡萄牙哲学"，甚至没有司空见惯的"温良作风"。所有这些都不能视作葡萄牙人的特征，只不过是想象中的罢了。总之，这种推测是由于缺乏基于对社会科学充分了解的科学传统而导致的。众所周知，社会科学是在 1974 年以后才被引进葡萄牙大学，而在那之前，萨拉查政权时期的知识分子将其作为马克思主义的变相形式进行粗暴的批判。顺便一提，我们可以说以上解释并非都具有相同程度的主观性或任意性，而有必要把基于行为特征的经验观察和基于理想主义甚至神秘性质的猜测区分开来。行为特征可能符合实际心理习惯，但其普及程度难以衡量。前者显然更值得关注，但是应该由社会学领域专家对它们进行分析和批判性判断。后面，我将尝试接触这一领域，仅从历史学家的角度提出一些问题，以避免越界。在此之前，让我们先援引另一位研究这一话题的社会学家的看法，他就是曼努埃尔·维拉维尔德·卡布拉尔（Manuel Villaverde Cabral，1992）。他同样摈弃任何关于"葡萄牙浓厚的'民族性'观念"，提出了一系列指标，表明"区别……葡萄牙与欧洲其他地区……的大部分差异在实际上可以解释为程度的差异，而非本质上的区别"。因此，"基于经验所观察到的葡萄牙人与欧洲其他地方民众关于价值观、态度和行为之间的本质差异可以并且……应该从国家历史及其偶然性角度来解释，尤其是通过国家的人口、社会和经济格局来说明"。而博文图拉·德·索萨·桑多斯则将葡萄牙归为"半边缘"国家，将葡萄牙社会归为"中等发展"社会，将葡萄牙人之间的行为差异归结于决定这一地位的各种因素在葡萄牙的具体配置以及葡萄牙融入世界体系之方式。这个地位由葡萄牙在发达国家和不发达国家之间所占的位置而决定。葡萄牙既是桥梁，也是阻碍，这样就延长了其对英国的依赖性，同时葡萄牙也是一个殖民帝国。葡萄牙最发达和最不发达地区之间的社会差距及其生产经济的低专业化模式也决定了葡萄牙的这种地位。

这些特征本身又细分为林林总总不同方面，例如，集体行为的方式，即在一个"消费规范比生产规范更为先进"的社会，前者由发达国家进行规范，后者由不发达国家制定规则。或者说，在一个国家，编纂工作，主要是法律编纂，往往比社会实践进步得多，而社会实践在持续倒退。

此外，在一个国家，受过教育的精英人士的理性与对非理性行为方式的坚持甚至于迷恋并存，这可以在"传统医学和自然主义者或辅助医疗实践"中得到验证。在这个国家，尽管国家调控经常过度膨胀，但其作为福利国家的无效性被文中作者所称的"福利社会"所弥补，就是说，在这个社会，人们自发互相帮助，互为交换不记账的商品和服务，解决内部发生的冲突时通常无须诉诸法院。总之，与上文所述现象相吻合，这也解释了为何时至今日，葡萄牙知识分子仍存有对当代世界的普遍悲观情绪。葡萄牙是一个文化精英与大众阶层之间存在巨大鸿沟的国家，前者倾向于探究葡萄牙现实的本质，但同时又没有能力客观地分析社会现实或发动任何重大的社会运动。如果我们反过来看与生产活动有关的行为，通常如索萨·桑多斯所说的那样，一个国家的劳动者往往生活在农村地区，并且靠多劳多得维持生计。在政治方面，我们发现一个国家，虽然政府在社会调控中发挥着重大作用，但代表阶级与被代表民众之间也存在巨大鸿沟，导致了民粹主义和任人唯亲现象的产生，甚至使一些国家职权私有化。或者还有一些国家试图模仿国家模式和政治模式更为先进的国家，其往往表现为具有一个非常进步的立法，尽管政客未能将这些模式内化到行动准则和政治行动实践中，然而这些现象不是主观的。这些解释即使被认为是有争议的，我们也可以使用定量指标客观地对其进行验证，主要是将其数据一方面与"中心"国家，另一方面与"外围"国家的实际情况进行比较。还需要注意的是，它们是通过诸如若热·迪亚斯观察到的个人行为进行诠释的，并且在他之前，还有许多作者指出，至少自16世纪以来，这些行为是葡萄牙人典型的为人处世方式，而它的推广却令人质疑。另外，它的表述可能很难脱离情感内涵。

总之，假设它们是基于葡萄牙人的本身"性质"产生，而不是由短暂的社会条件引起，那我们就认为它们是不可改变的，因此我们建议，即使包含一些缺陷，也应将其视为"性质"。相反，如果将行为特征看作是由社会条件造成的，则必须将其视为易于改变的。它的改变在很大程度上取决于经济和社会发展的程度，而不能被视为国家认同的丧失。这一事实排除了这样的概念，即国家认同是"自然"得来的，抑或作为"存在"范围内的一个问题，虽然不一定是永久性的，但至少具备持续性。因此，从根本上讲，这是一种集体意识现象，它一方面基于对其他国家人民在社会结构、文化表现形式（主要是语言、习惯和价值观）方面的共同差异的认识，另一方面基于对共同的过去的一定了解。鉴于认同现象与个人融入群体寻求安全感现象息息相关，并且在现代社会中，对国家的归属感已成为群体意识的强烈的内化表达，我们可以预见，其特征会随着社会条件的变化而变化，但不希望它轻易消失。让社会学家来思考在瞬息万变的世界中，葡萄牙人国家认同感在未来可能会有的形式，我们只能强调一个事实，即历史是当今社会集体记忆最重要的基础之一，因此也是认同意识最重要的基础之一。直到最近，根据相关主体的受教育程度，集体记忆往往建立在神话的基础上，其中一些神话恰恰是为了支持对祖国的永久性，甚至是神圣性的信仰而创造的。

正如我们前面所看到的那样，这就是对 14 世纪末或 15 世纪初出现的奥里克神话的信仰，并一直到 19 世纪中叶均被民族主义精英精心地弘扬发展。因此，当赫库拉诺证明其缺乏文献依据的时候，引起了围绕其历史性的激烈争论。然而，16 世纪，在卡蒙斯的笔下，葡萄牙人的事迹被史诗化，它的基础不是神话，而是历史，正如它在当时被人们所理解的那样。然而，将历史移植到史诗中，不仅给受教育程度低的人，而且为 19 世纪受过良好教育的许多作家提供了神话的力量，他们继续从《卢济塔尼亚人之歌》中想象着大发现时的英雄事迹。

　　历史和神话的叠加加剧了民族"衰败"的感觉，但其英雄性质为加深爱国主义情感，并由此增加国家认同意识提供了强有力的支撑。集体庆祝活动，特别是庆祝卡蒙斯、庞巴尔侯爵发现印度航线，圣·安东尼奥、卡米洛·卡斯特罗·布兰科（Camilo Castelo Branco）民族建立和复兴等百年纪念活动，有助于推广集体记忆的社会功能，即使这些庆祝活动的历史基础并不完全客观，而且其中一些庆祝活动旨在倡导弘扬某个特定的意识形态流派，因而引起了舆论界反对派的疏远或反对。葡萄牙社会民主化和殖民地丧失后，过去才不再被视为光辉岁月或"黄金时代"。

那么历史就可以叙述一个真实的过去，有得有失，有进有退，有忠诚有背叛，有成功有失败，有一致有矛盾。尽管这一切都是构成民族凝聚力的过去历史，但由于这是大家共同的过去，源于共同的生活经历或是集体记忆。我们所提到的这些变迁很可能对葡萄牙人自身的习惯性行为产生一些影响。让我们最后看一下这个问题，尽管这是一个疑团重重且值得商榷的问题。

当然，我们认识到，标准往往带有主观性，观察的方法会存在主观印象，这些通常无法得到证明，但是我们不能不注意到人们在一些方面达成了的某种共识。一些观点自 17 世纪以来就出现了，并且被反复提及，形成了所谓的葡萄牙人"形象"。若热·迪亚斯是曾尝试对葡萄牙人形象进行最详尽描绘的学者之一，他是享有盛名的人类学家，当然，这并非赋予其必然的权威，但是这应该成为推动社会心理学领域对该课题进行更认真研究的理由。

如前所述，我无意过多涉及这一领域，因此，我将指出有些长期存在的理论框架，它们似乎能够与某些显然非常普遍的心理倾向有关。我仅举两个例子：与抒情有关的怀乡之情和即兴创作倾向导致的统筹能力的不足。让我们尝试探讨它们之间的关系。无论如何，请记住，如博文图拉·德·索萨·桑多斯所述，我们在此讨论的不是葡萄牙"存在"的内在特征，而是其当前趋势，且这些趋势会随着经济和社会结构条件发生变化而变化。

关于怀乡—抒情主义，为什么不能将这种情感与一直以来总有如此多的葡萄牙人为了生存而不得不移居国外的事实联系起来呢？众所周知，由于土地贫瘠，土地利用技术能力落后，或资源配置过于集中，许多人不得不背井离乡，到他处谋生。11、12 世纪，在杜罗河与米尼奥河河间省就存在这种情况，由于人口过剩，人们不得不寻觅他乡。14 世纪，瘟疫肆虐，社会混乱，造成农田空无收成，迫使男男女女到处漂泊。从 16 世纪初开始，人口不断流向印度和东方其他地区，后来又流向非洲和巴西，之后更多流向美国和加拿大，在 20 世纪 50 年代和 60 年代则流向北欧。

因此，移民造成的家庭分离和亲情断裂，甚至彻底无根的现象屡见不鲜，以至于在所有直接或间接有过此经历的人心理上留下了深刻的烙印。每个与贫困、饥饿或剥削作斗争的人都不得不将希望寄托于远方或明天，一个假想的空间或时间。他们的亲戚、邻居、旅行者在返回家乡时描绘了南方城市的迷人富裕、中国人的异国情调、印度数不胜数的香料、巴西采之不尽的黄金和钻石。这些神话般的叙事让他们将希望寄托于未来或远方，使他们产生了人间天堂神话般的印象，并认为或许有一天，他们也可以获得这些。

面对这些叙事本身构成的吸引力，人们必须放弃当下悲惨的现实才能实现。放弃当下是正确的，然而当下悲惨的现实生活是具体的、踏实的。因此，他们产生了拥抱虚无或冒着死亡危险的痛苦，人们需要选择留下或是离开。对于那些不愿冒险的人，他们会留下来，但是其灵魂总梦想着逃离。对于那些离开的人，则心怀对家乡和家庭无尽的思念。毫无疑问，这种如此普遍的经历体验，经过一个又一个世纪的反复再现而演变、升华为故事、诗歌、小说或散文，已经成为现代葡萄牙文学创作的灵感源泉。

这种体验在故事、诗歌、歌曲、符号或解说词中被变成文字作品，反映了有过这些经历的主人公的体验，固化为普通葡萄牙人的肖像，并作为精神话题被反复讲述。而这一现象是否像事实上看起来那样如此普遍化，则有待于考察。为此，有必要调查清楚，例如，它在流行文学中发展到何种程度并以何种方式表现，这样的调查可以回答这样一个问题：我们应将这种现象归因于普遍的葡萄牙人，还是仅仅归功于受过教育的少数群体，因为他们能够写作和表达情感，因此可能比其他人有一些优势，但面对冒险失去安全和亲情时，他们其实比那些体验的亲历者更犹豫不决。

第二个例子是指在即兴创作的才能方面，葡萄牙人缺乏筹划能力。让我们首先考察一下，以博文图拉·德·索萨·桑多斯的标准，这是半边缘社会的一种正常现象，并且它可能随着理性教育的普及而消除。理性教育能够向广大民众灌输时间观念、确定实现某个目标所需的任务意识，以及相比即时经历或意外体验，更加重视预见性的价值。但是，这个问题也可以通过对长期历史结构的研究来解释。

我指的大多数资源和权力明显集中在紧密追

随国家的少数人手中，在研究政治权力的配置及其与社会力量的关系时我曾提到过这点。显然，葡萄牙历史的特点就是政治、社会和经济权力始终掌握在社会少数派手中，他们非常依赖国家，人数比例比大多数欧洲国家都少。

但是，如果是这样的话，这一系列的现象难道不会在许多葡萄牙人中产生对预测无用性、不可能承担社会责任以及不可避免的无法参与决策的持久信念？如果一切均由一小部分人解决，并且他们总是在提高自己的能力以保证永远掌控权力，那么人们为什么还要付出努力、节省开支、建立组织、开展项目、发展协会、进行斗争呢？此外，如果成功，不仅在经济上、政治上，而且在文化上的成功，且是有保证的成功，仅属于一些人，那么对其他人（大多数人）来说，锻炼随机应变能力、日常生活技能，而非小欺诈、灰色经济、逃税、"走后门"、徇私舞弊，岂不是更有利？

或者，更美好的是，发现自己每天、每时、每刻都在忙碌生活的魅力，可以利用的生活中的美好事物，如欢聚和亲情，或最激动人心的事物，如爱情、阴谋或游戏，难道这一切不都具即兴性？这被证实是葡萄牙人最典型的特征之一，也正是最让阿戈斯蒂尼奥·达·席尔瓦（Agostinho da Silva）激动的特征之一。但这仅仅是他们的特征吗？难道在南欧的其他社会，或者在所有尚未从文明中获得"益处"且未屈从于理性的社会中就不存在吗？

参考书目

[1] CABRAL MANUEL VILLAVERDE. Portugal e a Europa: diferenças e semelhanças [M] . Análise Social, 118–119，1992: 943–954.

[2]CATROGA FERNANDO. Alexandre Herculano e o Historicismo Romântico; Positivistas e Republicanos; História e Ciências Sociais em Oliveira Martins [M] // História da História em Portugal, Séculos XIX–XX.Lisboa: Círculo de Leitores, 1996: 39–159.

[3] DAVEAU SUZANNE. Portugal Geográfico

［M］. Lisboa: Edições João Sá da Costa, 1995.

［4］GASPAR JORGE. As Regiões Portuguesas ［M］. Lisboa: Ministério do Planeamento Administração do Território, 1993.

［5］GUICHARD FRANÇOIS. Géographie du Portugal［M］. Paris: Masson, 1990.

［6］LOURENÇO EDUARDO. O Labirinto da Saudade［M］. 2a. ed. Lisboa: Dom Quixote, 1982.

［7］LOURENÇO EDUARDO. Nós e a Europa, ou As Duas Raízes［M］. Lisboa: Imprensa Nacional, 1988.

［8］LÉONARD YVES. Lê Portugal. Vingt ans après la Révolution dês oeillets［M］. Paris: La Documentation Française, 1994.

［9］MATTOSO JOSÉ. Identificação de um

País. Ensaio sobre as origens de Portugal (1096—1325)［M］. 2 vols. Lisboa: Ed. Estampa, 1985; 5a. ed. 1995.

［10］MATTOSO JOSÉ，S. DAVEAU, D. BELO. Portugal. O sabor da terra［M］. Lisboa: Círculo de Leitores, 1997.

［11］QUADROS ANTÓNIO. Portugal: Razão e Mistério［M］. Lisboa：Ed. Guimarães, 1986.

［12］RIBEIRO ORLANDO. Introduções Geográficas à História de Portugal［M］. Lisboa: Imprensa Nacional, 1977.

［13］RIBEIRO ORLANDO. Portugal, o Mediterrâneo e o Atlântico［M］. Coimbra: 1945; 6a. ed., Livraria Sá da Costa, 1991.

［14］RIBEIRO ORLANDO，LAUTENSACH HERMANN，DAVEAU SUZANNE.

Geografia de Portugal [M] . 4 vols. Lisboa: Ed. João Sá da Costa, 1987—1991.

[15] SANTOS BOAVENTURA DE SOUSA. Estado e Sociedade em Portugal (1974—1988)[M] . Porto: Afrontamento, 1990.

[16] SANTOS BOAVENTURA DE SOUSA. Onze teses por ocasião de mais uma descoberta de Portugal [M] //PELA MÃO DE ALICE. O social e o político na pós-modernidade.Porto: Afrontamento, 1994: 49-67.

[17] SILVA AGOSTINHO DA. Considerações e outros textos [M] . Lisboa: Assírio e Alvim, 1988.

[18] VASCONCELOS, JOSÉ LEITE DE. Etnografia Portuguesa [M] . 10 vols. Lisboa: Imprensa Nacional, 1933—1988.